Fulvio Rampazzo
Massimo Canova
Gianmartino Durighello

Cantar
A LITURGIA

PERFIL HISTÓRICO-TEOLÓGICO
E INDICAÇÕES PASTORAIS

Tradução:
Edilene Braga

Edições Loyola

Título original:
Cantare la liturgia – volume 1
– Profilo storico-teologico e indicazioni pastorali
© 2002 P.P.F.M.C. MESSAGGERO DI S. ANTONIO – EDITRICE
Basilica del Santo – Via Orto Botanico, 11 – 35123 – Padova
www.edizionimessaggero.it
ISBN 978-88-250-1178-4

Dados Internacionais de Catalogação na Publicação (CIP)
(Câmara Brasileira do Livro, SP, Brasil)

Rampazzo, Fulvio
    Cantar a liturgia : perfil histórico-teológico e indicações pastorais / Fulvio Rampazzo, Massimo Canova, Gianmartino Durighello ; tradução Edilene Braga. -- São Paulo, SP : Edições Loyola, 2022. -- (Liturgia)

    Título original: Cantare la liturgia : volume 1 : profilo storico-teologico e indicazioni pastorali
    ISBN 978-65-5504-170-5

    1. Música litúrgica 2. Música sacra I. Canova, Massimo. II. Durighello, Gianmartino. III. Título. IV. Série.

22-108913   CDD-264.0202

Índices para catálogo sistemático:
1. Música litúrgica : Igreja Católica   264.0202
Eliete Marques da Silva - Bibliotecária - CRB-8/9380

Preparação: Maria de Fátima Cavallaro
Capa e diagramação: Ronaldo Hideo Inoue
Detalhe (órgão e afresco da cúpula) do interior da Catedral de Santo André Apóstolo em Pitsunda, Abecásia (Geórgia).
Imagem de © viktor | Adobe Stock.

Edições Loyola Jesuítas
Rua 1822 nº 341 – Ipiranga
04216-000 São Paulo, SP
T 55 11 3385 8500/8501, 2063 4275
editorial@loyola.com.br
vendas@loyola.com.br
www.loyola.com.br

Todos os direitos reservados. Nenhuma parte desta obra pode ser reproduzida ou transmitida por qualquer forma e/ou quaisquer meios (eletrônico ou mecânico, incluindo fotocópia e gravação) ou arquivada em qualquer sistema ou banco de dados sem permissão escrita da Editora.

ISBN 978-65-5504-170-5

© EDIÇÕES LOYOLA, São Paulo, Brasil, 2022

In memoriam:
Mons. Girolamo Bortignon
e mons. Filippo Franceschi,
pastores da diocese de Pádua
e mestres na fé.

"O cantar é próprio de quem ama,
a voz do cantor
é o fervor do santo amor."
(Santo Agostinho, *Discursos*, 336,1)

Cantar a liturgia é uma obra destinada à formação dos animadores musicais das celebrações cristãs. É um guia simples, mas bem fundamentado, sobre os critérios para escolher as músicas e os cantos adequados de modo a se tornarem "parte integrante" da divina liturgia.

Sumário

Introdução 13
Siglas e abreviaturas 15

Primeira parte
A MÚSICA LITÚRGICA NA HISTÓRIA

1. **Música e canto na liturgia dos primeiros séculos** 21
   O espírito da expressão cristã na liturgia primitiva (séculos I-II) 21
   Aspectos litúrgico-musicais da Era Patrística (séculos III-VI) 23

2. **As épocas romano-franca e romano-germânica da liturgia** 29

3. **Decadência da vida e espiritualidade litúrgicas na era da *ars antiqua* e da *ars nova* (séculos XII-XIV)** 33
   O nascimento das *Scholae* e das *Capelas* 33
   A criatividade popular 34
   A Constituição *Docta Sanctorum* 35

4. **A era de ouro da polifonia** 37

5. **O Barroco** 41

6. **A música litúrgica no século do Iluminismo** 43

7. **O Romantismo** 45
   A reviravolta da relação entre música e liturgia 45
   O movimento ceciliano 47
   Observações conclusivas 48

8	O movimento litúrgico musical no século XIX e o Motu Próprio *Tra le sollecitudini* de Pio X	49
	O empenho pela reforma	50
	O Motu Próprio *Tra le sollecitudini*	51
9	O renascimento litúrgico na primeira metade do século XX	53
	Fervor de iniciativas	53
	Intervenções importantes do magistério	54
10	O Concílio Vaticano II e a renovação da liturgia na segunda metade do século XX	57
	A Constituição *Sacrosanctum Concilium* sobre a sagrada liturgia – Princípios gerais	57
	O capítulo VI da Constituição conciliar e a Instrução *Musicam Sacram*	61
	Dos documentos à práxis. A renovação da liturgia na segunda metade do século XX	64

Segunda parte
O CANTO E A MÚSICA COMO AÇÃO SIMBÓLICA

1	Celebrar com o canto e com a música	69
2	O canto e a música como linguagem simbólica	73
	O canto e a música: linguagem do ser humano para se comunicar com Deus	73
	O canto e a música: um modo de ser e de celebrar	75

Terceira parte
O CANTO E A MÚSICA COMO CELEBRAÇÃO

1	Participação e papéis na liturgia	81
2	A assembleia	83
	A interioridade e o silêncio	83
	O canto da assembleia	84

3	**O presidente da liturgia**	87
	Quem preside também canta	87
4	**O animador musical**	89
	Verdadeiro e próprio ministério litúrgico	89
	Animar celebrando	89
	A formação do animador	90
5	**O salmista**	93
6	**O coro**	95
	O coro: parte da assembleia	96
	O coro: onde se situa?	96
	Formação litúrgica e musical do coro	97
7	**O dirigente do coro**	99
	A competência musical	99
	A competência litúrgica	100
	Competência psicológica e pedagógica	101
	Os ensaios	102
	A condução da Assembleia	104
	A verificação	105
8	**O cantor solista**	107
9	**Os instrumentistas**	109
	Os instrumentos musicais na celebração	110
	Documentos do magistério sobre o uso dos instrumentos	112
	Em síntese	113
	O organista	114
	O violão	115
	Os instrumentos de sopro: as madeiras e os metais	117
	As percussões	118
10	**Textos e melodias na celebração**	119
	Os textos	119
	As melodias	122
11	**Gêneros e formas do canto litúrgico**	125
	Gestos rituais que exigem o canto (uma abordagem)	125

    Do gesto ao gênero 127
    a. *IN-VOCAÇÃO* 128
        ★ Súplica litânica 128
        ★ A aclamação 128
    b. *A PRO-CLAMAÇÃO* 129
        ★ Os recitativos 129
        ★ A salmodia 130
    c. *A CON-VOCAÇÃO* 132
        ★ A antífona 132
        ★ O moteto 133
        ★ O hino 133
        ★ O tropário 134
        ★ Outros gêneros a partir
           de textos de livre composição 134
        ★ O repertório gregoriano 135

12 Música e canto gravados 139
Um dado de fato 139
As normas e as motivações 139
A música gravada a serviço
da assembleia que canta 140

13 Subsídios para a música e o canto 141
Revistas de música para a liturgia 141

14 Documentos sobre a música
e o canto litúrgicos 143
A Constituição sobre a liturgia 143
A Instrução *Musicam Sacram* 144
Outros documentos 145

Quarta parte
PROPOSTAS PASTORAIS

1 Iniciar o povo de Deus à linguagem musical 149
2 Recriar o ambiente vital da música
e do canto litúrgicos 151
3 Um projeto, um programa e uma regência
atenta à assembleia que celebra 153
Objetivo concreto e estilo da celebração 153

	Conteúdo dos cantos e sua conveniência para a assembleia que celebra	154
	Gênero literário e estrutura musical	155
	Lugar do canto e equilíbrio dentro do conjunto da celebração	156
4	**Animar a assembleia que canta**	159
	Ensinar os cantos	159
	Introduzir os cantos	160
	Dirigir o canto	161
5	**Questionamentos**	163
	Conclusão	165

Apêndice
FICHAS DE LEITURA

Na escola da história para
entoar o canto do novo milênio 171
1. O LUGAR DOS MINISTROS DO CANTO 173
2. OS ATORES DO CANTO (CORO OU POVO?) 175
3. CANTO E RITO (ENTRE BELEZA ARTÍSTICA E FUNCIONALIDADE LITÚRGICA) 177
4. *MELOS* E *LOGOS*. A RELAÇÃO ENTRE CANTO (MÚSICA) E PALAVRA 180
5. OS INSTRUMENTOS (ÓRGÃO OU VIOLÃO?) 183
6. A LÍNGUA (DE BABEL A PENTECOSTES) 186
7. SAGRADO E PROFANO 189

Anexo à edição brasileira 195
**A MÚSICA LITÚRGICA NO BRASIL
A PARTIR DO CONCÍLIO VATICANO II:
AVALIANDO A CAMINHADA
– E CORRIGINDO O RUMO**
Padre José Weber, SVD

Introdução 195
1. Minha história e trajetória pessoal no campo litúrgico-musical 195

2. Obras de minha autoria 198
3. As aclamações das
   Orações Eucarísticas da Missa 200
4. A tradução da Liturgia das Horas 201
5. A tradução do Missal Romano
   da 3ª Edição Típica 202
6. Troféu "Prêmio Nacional de Música Católica" 203
7. Etapas da Renovação
   da Música Litúrgica no Brasil 204
8. A importância de Dom Clemente Isnard
   na Renovação Litúrgico-Musical no Brasil 206
9. O Ofício Divino das Comunidades (ODC) 206
10. O Hinário Litúrgico da CNBB 208
11. O Coro Litúrgico no Documento
    Conciliar (SC) e pós-conciliar (MS) 209
12. Instrumentos Musicais na Liturgia 211
13. A Renovação Carismática Católica (RCC)
    e a Confusão da Música Litúrgica no Brasil 212
14. Formação litúrgico-musical 213
15. Comissões de Música Litúrgica 214

Concluindo 215
Abreviaturas 215

Bibliografia 217
1. Fontes 217
2. Textos 219
3. Artigos 220

Introdução

"O povo cristão é um povo que canta", diz o liturgista Próspero Guéranger[1].

O canto é uma das características mais importantes e evidentes da Igreja. É impossível imaginar o povo cristão sem o canto.

A música e o canto são uma linguagem tipicamente humana, acompanham o homem desde sempre, do nascer à morte; ritmam seus eventos alegres e tristes; são a possibilidade de dizer e comunicar o que a palavra falada dificilmente consegue exprimir, pois pertencem à esfera interior do homem, onde residem os sentimentos, as emoções, as intuições, as ressonâncias.

A música e o canto são também meios muito poderosos de transmissão e de comunhão: eles penetram as fibras e as dobras mais recônditas e esquecidas do ser, chegando lá onde mora o silêncio, onde nascem e se criam as relações.

A Igreja, mãe e mestra, intuindo a enorme riqueza encerrada na linguagem musical, tornou próprio o canto, ao introduzi-lo a serviço da liturgia.

Mas o que significa cantar na liturgia, ou melhor, cantar a liturgia?

Por que cantar na liturgia? Por que o canto começou a fazer parte necessária e integrante da liturgia? Por que se pede aos cristãos para celebrar cantando? O que fazer e como fazer, para que esse gesto seja verdadeiro, seja bem feito, corresponda à natureza e às características da assembleia, às exigências do evento que se celebra e ao momento ritual em que esse gesto se coloca?

São perguntas significativas e às quais, com este simples trabalho, tentaremos dar uma resposta com base na experiência pastoral feita na

---

1. STIZ, C., *Perché il canto nella liturgia*, "Liturgia" 115 (1995), 517.

Cantar a liturgia

Escola Diocesana de música para a Liturgia da diocese de Pádua. Experiência rica e estimulante que nos fez amadurecer sempre mais na consciência de que a música e o canto litúrgicos são, também eles, dons do espírito de Deus que nos "empurram" para celebrar as *mirabilia Dei* com todo o nosso ser.

Estamos conscientes do fato que o argumento é de *per si* mesmo muito delicado, uma "areia movediça" e que, além de nossas reflexões, é possível dizer e escrever muitas outras coisas. Nosso desejo é simplesmente o de compreender mais a fundo uma questão que toca a todos em primeira pessoa: como viver dignamente as liturgias celebrando com o canto e a música.

Este trabalho de reflexão comunitária nos enriqueceu com a experiência de pessoas sensíveis e atenciosas com a liturgia e a pastoral da Igreja. Juntos tentamos buscar, de um lado, respostas claras acerca do significado do canto e da música na liturgia, e de outro, indicações adequadas em vista de uma participação sempre mais ativa de nossas assembleias mediante o canto e a música.

Portanto, sem pretensão alguma de dizer coisas novas, mas simplesmente de manifestar o desejo de "colocar novamente em foco" o canto e a música na liturgia, tudo aquilo que já foi defendido por pessoas que, amando a Igreja, têm carinho pela reforma litúrgica, a qual, promovida há mais de cinquenta anos, ainda hoje encontra obstáculos para sua completa execução.

O trabalho será dividido em duas partes: uma histórico-litúrgica e outra litúrgico-pastoral. Dessa forma se poderá constatar como a música e o canto, ao longo dos séculos, progressivamente entraram, apesar de tantas dificuldades, para o serviço da celebração da Igreja e, como esse serviço, concretamente, deva se efetuar à luz da reforma litúrgica pelo Concílio Ecumênico Vaticano II e em respeito ao valor simbólico que tanto a música quanto o canto trazem em si.

Tentamos sugerir algumas propostas pastorais para iniciar o povo de Deus na linguagem musical, para que sua liturgia seja sempre mais claramente e conscientemente uma ação que desvela o mistério de Cristo e o manifesta na forma da Igreja que o celebra.

Com efeito, cantar serve à liturgia, pois serve à Igreja para manifestar o mistério de sua identidade e de sua missão sobre a Terra.

Os autores

Siglas e abreviaturas

AAS	"Acta Apostolicae Sedis", Roma 1909 ss.
ASS	"Acta Sanctae Sedis", Roma 1865-1908.
DL	Dicionário de Liturgia, SARTORE, D. e TRIACCA, A. M. (orgs.), Cinisello Balsamo ⁴1990.
EV	*Enchiridion Vaticanum*. Documenti ufficiali della Santa Sede. Testo ufficiale e versione italiana, 17 voll. + 2 voll. di suppl., Bologna 1962-2000.
MS	*Musicam Sacram*. Instrução da Sagrada Congregação dos Ritos sobre a música na Sagrada Liturgia (5 de março de 1967), in: EV II, 967-1035.
PG	*Patrologia Graeca*, MIGNE, J. P. (org.), Paris 1857-1886.
PL	*Patrologia Latina*, MIGNE, J. P. (org.), Paris 1844-1864.
PNLH	Princípios e Normas para a Liturgia das Horas
PNMR	Princípios e Normas para o uso do Missal Romano
RPL	*Rivista di Pastorale Liturgica*
SC	*Sacrosanctum Concilium*. Constituição sobre a Sagrada Liturgia do Concílio ecumênico Vaticano II.
s.l.n.a.	Sem lugar e nem ano.

Primeira parte
A MÚSICA LITÚRGICA NA HISTÓRIA

"Cantamos aqui o Aleluia…
Para podermos cantá-lo um dia no além…
Canta e caminha".

(Santo Agostinho de Hipona)

A história do homem é lida pelo cristão em chave escatológica, como história da salvação, diálogo de amor entre Deus e o homem.

Neste caminhar rumo ao diálogo de eterno amor, o homem, desde as origens, encontrou no canto e na música uma linguagem privilegiada para realizar sua comunicação com Deus, ser supremo. No canto ele se coloca à escuta de Deus que lhe fala, no canto dirige a Deus o grito da própria súplica e lhe dá graças pelos benefícios recebidos e, ainda, no canto e na música o homem procura a comunhão mística com seu Deus.

Também na liturgia cristã o canto e a música sempre desempenharam um papel de grande importância e espelham o rosto da comunidade eclesial que os produz. Estudar, ainda que em síntese, seu caminho histórico, significa procurar captar aquilo que se constitui ao longo dos séculos como "valor constante" e individuar aquilo que é contingente; significa, ainda, captar das várias experiências históricas os aspectos positivos, mas também os erros e as ambiguidades, no encontro ou na discrepância entre os limites do pensamento, as indicações do magistério e a práxis celebrativa.

Então, coloquemo-nos à escuta do canto de nossa história: escutar os ecos do canto de quem nos precedeu poderá nos ajudar a entoar melhor nosso canto.

Então: escuta... *canta e caminha*.

1
Música e canto na liturgia dos primeiros séculos

"No culto se manifesta concretamente a presença de Cristo em sua Igreja."¹ Isso aparece muito claramente desde os primeiros séculos de vida da Igreja, no momento em que ela não possuía outro meio específico para se manifestar senão o próprio culto. A pregação apostólica, proclamando o acontecimento salvífico "Jesus Cristo", era antes de tudo culto para Jesus Cristo, era Liturgia da Palavra, tanto que quem aceitava o conteúdo recebia o batismo e participava na ceia eucarística. Constituía-se assim o verdadeiro "templo de Deus"², o "povo santo"³, a *ecclesia*, ou seja, a assembleia cultual cuja finalidade fundamental era continuar a fazer reviver na celebração o mistério pascal de Cristo. Tudo isso num clima de simplicidade extraordinária, de vitalidade espontânea e de alegria. Como canto e música entraram para o serviço dessa celebração?

O espírito da expressão cristã na liturgia primitiva (séculos I-II)[4]

Não possuímos fontes diretas sobre o canto dos primeiros cristãos; mas chegaram até nós um número expressivo de textos e testemunhos sobre a prática do canto na ação litúrgica. Na esfera formal, essas fontes não nos permitem remontar a critérios seguros às categorias das com-

---
1. CULMANN, O., *La foi et le culte de l'église primitive*, Neuchâtel, 1963, 150.
2. Cf. Ef 2,21-22.
3. Cf. 1Pd 2,4-5.
4. Cf. STEFANI, G., *L'espressione vocale nella Liturgia primitiva*, "Ephemerides liturgicae" 84 (1970), 97-112.

posições; em vez disso, na esfera dos conteúdos, eles apresentam uma grande riqueza, nos revelando o espírito da expressão cristã na liturgia primitiva, animado pela urgente necessidade de viver, celebrar e anunciar com alegria e simplicidade o "canto novo" do Cristo-*Logos*[5]. Como nas expressões carismáticas o *logos* devia sempre ter a primazia sobre o irracional, também o canto ou a expressão vocal profética deviam estar primariamente em função da *didaqué*: a palavra inteligível tinha a prevalência sobre o *melos*. Assim resultava certamente excluída a função de encantamento do canto, dimensão própria, pelo contrário, de certas práticas rituais do contexto pagão circunstante.

É justamente a relação com o contexto que pode nos ajudar a perceber algumas características do canto nas primeiras comunidades cristãs. Ao fazer a defesa acurada da própria identidade e na vigilância sobre a ortodoxia, os primeiros cristãos rejeitavam radicalmente tudo aquilo que poderia se referir ao paganismo. A partir disto é que há, por exemplo, desde o início do cristianismo uma hostilidade com a dança e a música instrumental.

Mais complexa é a relação com o judaísmo e o culto sinagogal. Também neste caso — a partir do distanciamento definitivo do judaísmo —, o cristianismo procura seguir uma atitude de purismo, rejeitando o que pode ser chamado de culto sinagogal mas, ao mesmo tempo, não pode deixar de trazer consigo algumas heranças desse mundo ritual, tanto na esfera dos conteúdos como nas práticas de execução (pense-se aqui no canto dos salmos e na técnica do *psallein*).

Finalmente, é possível aprofundar algumas hipóteses sobre quais fossem as dinâmicas do canto e de seus atores, considerando que nas civilizações antigas e de tradição oral não há uma distinção clara entre "falado" e "cantado" como nós entendemos hoje, mas há uma riqueza de nuanças em relação ao gesto ritual e à função que ele assume (proclamação, exortação, aclamação, súplica, júbilo). Além disso, o canto ritual não é uma expressão erudita, fruto da *inventio* subjetiva, mas expressão que nasce da realização dos vários gestos e funções rituais segundo o espírito objetivo de determinada coletividade. Daí deriva uma dinâmica e espontânea distribuição de papéis (solo, da assembleia, dialógico, antifônico).

O canto e a música deviam pertencer, portanto, à esfera da funcionalidade e da espontaneidade. Essa prática era diferente de idioma para

---

5. Cf. a reflexão de CLEMENTE DE ALEXANDRIA em *O protrético* e *O Pedagogo*.

idioma, de igreja para igreja, de comunidade para comunidade. A Igreja estava nascendo e inventando seus modos de expressão: isso significa que cada igreja local, nascendo, "inventava" para si seus próprios cantos. Se para as orações já havia nos primeiros séculos uma grande liberdade e invenção e de uso, essa liberdade — e também variedade — terá sido infinitamente maior para o canto. Como já foi dito, as fontes testemunham que aquilo que as comunidades propriamente faziam não era cantar ou falar, não era executar "em canto" ou "em recitativo" ou "em falado" determinadas fórmulas, mas rezar, proclamar a Escritura, dar graças, aclamar, exortar uns aos outros e exprimir com modos vocais espontâneos a alegria e o entusiasmo da vida em Cristo. Eram os mesmos modos usuais do dia a dia, preenchidos, porém, com um novo conteúdo, especificados pelo novo estilo, o "canto novo" de Cristo-*Logos*.

Aspectos litúrgico-musicais da Era Patrística (séculos III-VI)[6]

Da Palestina ao Egito e à Síria; da Ásia menor à Grécia, passando para a península itálica e, em seguida, para a Gália e a península ibérica... a essa rápida difusão[7] do cristianismo corresponde uma grande vitalidade e pluralidade de atitudes — algumas delas desembocaram nas primeiras doutrinas heterodoxas. Esses fatores, aliados à importância que a música assumia na vida da sociedade, estimularam os Padres a dedicar grande atenção ao canto e às questões a ele relativas. De fato, de seus escritos emerge uma primeira elaboração de um pensamento original e autenticamente cristão sobre o canto e sobre o canto litúrgico.

À parte algumas posições contrárias em contextos ascéticos radicais, o canto (não o canto "diabólico"[8] dos banquetes, mas o canto dos

---

6. Para maior aprofundamento da questão, cf. RAINOLDI, F., *Cantare Dio – Cantare per Dio*. *Appunti per una storia della musica di chiesa*, Como, 1990 (apostila), 2-26; RAINOLDI, F., *Canto e musica*, in: SARTORE, D. e TRIACCA, A. M. (orgs.), *Nuovo dizionario di liturgia*, Cinisello Balsamo, 1990, 201-203; RAINOLDI, F., *Traditio canendi. Appunti per una storia dei riti cristiani cantati*, Roma, 2000, 60-136 (Bibliotheca "Ephemerides liturgicae", Subsidia, 106).
7. Cf. o Edito de Milão (313) com o qual Constantino reconhece a liberdade de culto ao cristianismo e proíbe sua perseguição.
8. Cf. São João CRISÓSTOMO, *Expositio in Ps. 41,1-3*, in: PG 55,156-159; cf. RAINOLDI, F., *Traditio canendi...*, 65.

salmos) é unanimemente louvado pelos Padres e promovido pelos pastores. Reconhecem-se valores positivos ao canto dos salmos, que vão de uma dimensão antropológica a uma dimensão espiritual e mística; é, antes de tudo, "canto do coração"[9] e como canto do coração transforma a própria vida num canto "con-corde", em sacrifício de louvor projetado em direção do canto eterno na plenitude escatológica. O *salmo*:

1. *ritma-permeia o dia a dia*:

   O nascer do dia faz soar o canto do salmo, com o canto do salmo se responde ao ocaso (Ambrósio)[10].

   Cantam os viajantes [...] os camponeses [...] cantam os navegantes [...] cantam as mulheres, sozinhas ou em coro, enquanto, entretidas na tecelagem, com a lançadeira discernem os fios confusos do novelo de lã (João Crisóstomo)[11].

2. *é fonte de bem-estar psíquico e físico, e alegria do ânimo*:

   O salmo é tranquilidade da alma (Basílio)[12].

3. *facilita a escuta, a aprendizagem e a memorização* (função didascálica e mnemônica):

   Quanta dificuldade na igreja para obter o silêncio, quando se leem as leituras! Quando um fala, os demais fazem barulho. Quando se canta o salmo, é ele próprio que provoca o silêncio: todos falam e ninguém faz barulho (Ambrósio)[13].

   O Espírito Santo [...] misturou aos ensinamentos o amor carinhoso da melodia (Basílio)[14].

   É cantado por amor, e, ao mesmo tempo, é aprendido como conhecimento (Ambrósio)[15].

---

9. As várias reflexões dos Padres sobre esse tema nascem como exegese e comentário de duas passagens paulinas: Ef 5,18-19 e Rm 8,27. Cf. RAINOLDI, F., *Traditio canendi...*, 68, 103-104.
10. SANTO AMBRÓSIO, *Comentário a doze salmos*, in: PIZZOLATO, L. F. (org.), *Sant'Ambrogio. Opera omnia di S. Ambrogio. Commento a dodici salmi/1*, Roma, 1980, 47.
11. Cf. SÃO JOÃO CRISÓSTOMO, *Expositio in Ps. 41,1-3*, in: PG 55,156-159; cf. RAINOLDI, F., *Traditio canendi...*, 71-72.
12. Cf. RAINOLDI, F., *Traditio canendi...*, 65.
13. SANTO AMBRÓSIO, *Comentário a doze salmos...*, 47.
14. SÃO BASÍLIO, in: *Ps. 1,2*: cf. RAINOLDI, F., *Traditio canendi...*, 72.
15. SANTO AMBRÓSIO, *Comentário a doze salmos...*, 49.

Apenas poucos — mesmo entre os muitos, ainda que zelosos — conseguiram, com facilidade, reter na memória um preceito apostólico ou uma profecia. Mas os ensinamentos dos salmos ressoam nas casas e são divulgados nas praças (Basílio)[16].

4. *é amálgama comunitário e vínculo de unidade*:

    A salmodia produz também o máximo dos bens, o amor, na medida em que introduz o uso do canto comum, como uma espécie de vínculo de concórdia (Basílio)[17].

    O salmo reúne quem está separado, une quem está na discórdia, reconcilia quem está ofendido [...] é realmente um grande vínculo de unidade: em sua totalidade, o povo se reúne num único coro (Ambrósio)[18].

5. *é sacrifício espiritual, profecia do reino, comunhão com os coros angelicais e participação escatológica*:

    Formamos um único coro participando igualmente dos cânticos sagrados, e a terra se torna imagem do céu (João Crisóstomo)[19].

    Com estes cantos assimilamos prazerosamente todo o conteúdo da lei, dos profetas e do próprio Evangelho. O rosto de Deus é revelado (Nicetas de Ramesiana)[20].

    Cantemos aqui o Aleluia [...] para que o possamos cantar um dia no além (Santo Agostinho de Hipona)[21].

6. *e aqui, o canto, desemboca no "jubilus"*[22]:

    O inefável disse uma palavra e tudo foi criado [...]. A Palavra de Deus é o seu Filho. À Palavra de Deus nós podemos responder com o júbilo: não possuímos outra palavra que corresponda a essa Palavra (Santo Agostinho de Hipona)[23].

---

16. Cf. RAINOLDI, F., *Traditio canendi...*, 60-136.
17. Cf. Ibidem.
18. SANTO AMBRÓSIO, *Comentário a doze salmos...*, 47.
19. SÃO JOÃO CRISÓSTOMO, *Sermão feito na igreja de S. Irene em 398, aprox.*: cf. RAINOLDI, F., *Traditio canendi...*, 66.
20. Cf. RAINOLDI, F., *Traditio canendi...*, 60-136.
21. Cf. Ibidem.
22. Cf. RAINOLDI, F., *Traditio canendi...*, 74-75.
23. SANTO AGOSTINHO DE HIPONA, *Exposições sobre os salmos, 99,6*, in: TRAPÉ, A. (org.), *Opere di S. Agostino. Esposizioni sui salmi/3*, Roma, 1976, 459.

A MÚSICA LITÚRGICA NA HISTÓRIA

O canto, como beleza e *donum Dei*, pode, portanto, atrair para o Sumo Bem que é o próprio Deus, mas pode também fazer prevalecer a dimensão do prazer psicofísico[24]. Daí deriva a primazia que os Padres continuam a dar ao texto e à sua inteligibilidade em relação à melodia: "Assim cante o servo de Cristo: que aprazam, não a voz de quem canta, mas sim, as palavras cantadas"[25]. Ao mesmo tempo se deseja um estilo de execução que privilegie uma alegria constante de fundo e uma "simplicidade cristã"[26] em relação aos artifícios exteriores dos contextos teatrais: "Cantai bem para ele no júbilo"[27]. Estas observações sobre o estilo da execução são importantes, justo numa época em que se começam a definir alguns papéis no ministério do canto litúrgico, papéis de solistas ou de condução, como o *cantor* e o *praecentor*, e de corais (a partir do século IV começa a haver testemunhos da presença de uma *schola*).

Além disso, a época dos Padres nos deixa uma primeira sedimentação de textos e de repertório que nos permite chegar a uma clara caracterização formal na prática da salmodia e da hinodia.

A importância do salmo na vida cotidiana já foi abordada; o saltério é uma autêntica escola de formação que permite reler em chave cristológica a história da salvação e transformar dia após dia a vida em sacrifício de louvor, prelúdio e antecipação da plenitude escatológica. No rito o salmo é utilizado como canto interlecional dentro da Liturgia da Palavra ou nos cantos processionais (desde o século V) com a função de comentar as situações rituais por meio da Palavra de Deus. A letra dos salmos é bíblica; possui uma forma poética, mas não métrica. A ausência da métrica no texto nada concede à força de encantamento da música e se torna garante da primazia do *logos*, a cujo serviço deve estar a técnica do *psallein*, baseada sobre uma cadeia de recitação com pontuações iniciais, intermédias e finais que permite a dicção clara e a articulação do próprio texto. Na esfera formal, a salmodia, com o tempo, atinge riqueza e variedade de atitudes, em conformidade aos estímulos e exigências das várias famí-

---

24. Cf. SANTO AGOSTINHO DE HIPONA, *As confissões, 1.X*: cf. RAINOLDI, F., *Traditio canendi...*, 84-85.
25. SÃO JERÔNIMO, *Commentarius in Epistolam ad Ephesios, 3,5*, in: PL 26,56. Cf. RAINOLDI, F., *Traditio canendi...*, 73.
26. Cf. NICETAS DE RAMESIANA, *De utilitate hymnorum*.
27. SANTO AGOSTINHO DE HIPONA, *Exposições sobre o salmo 32*, in: CORTICELLI, A. e MINUTI, R. (orgs.), *Sant'Agostino. Esposizione sui salmi, vol. I*, Roma, 1967, 552-579 (Nuova Biblioteca Agostiniana, 25); cf. RAINOLDI, F., *Traditio canendi...*, 74.

lias rituais (salmodia direta, solo ou com coros alternados, com ou sem antífona, salmodia intercalar[28], aleluiática ou responsorial).

O hino é uma composição poética, estrófica, normalmente métrica, a partir de um texto idiótico[29] e corresponde a uma dúplice exigência. A primeira, de cantar um louvor a Deus com palavras próprias; a segunda, de vir ao encontro, com os meios da métrica e da melodia, das necessidades de instantaneidade e "cantabilidade" do povo. São propriamente estes aspectos que permitiram que o hino encontrasse sucesso inicialmente junto aos movimentos heréticos e, em contrapartida, uma pluralidade de posições entre os pastores e certa hostilidade, principalmente no ambiente de Roma. Foi Efrém, bispo de Edessa, que, justamente para combater a propaganda herética, introduziu o hino na prática cristã do Oriente. No Ocidente, depois de uma tentativa frustrada de Hilário, bispo de Poitiers, será Ambrósio, bispo de Milão, a encontrar a forma adequada para a cultura latina[30]. O hino de tipo "ambrosiano" logo se demonstrou eficaz por sua "acolhida" no povo difundindo-se muito rapidamente por toda a Europa, sobretudo graças às obras divulgadoras dos mosteiros.

---

28. A salmodia é chamada *direta* quando não é intercalada por elementos estranhos ao texto sálmico, neste último caso, chama-se *intercalar*.
29. O termo "idiótico" quer indicar um texto "próprio", ou seja, original, de livre invenção, não bíblico.
30. Os hinos de Santo Ambrósio são métricos, num esquema de oito estrofes com 4 versos em pé jâmbico e testemunham o momento de passagem entre a métrica quantitativa clássica e a métrica qualitativa ou intensificadora.

2
As épocas romano-franca e romano-germânica da liturgia[1]

Até o século VIII, as liturgias do Ocidente se diversificam regionalmente. Cada área eclesial dá vida a um estilo próprio celebrativo com um repertório próprio de canto, mas contemporaneamente tece uma relação de diálogo de troca com as outras famílias rituais. A diversidade litúrgica não era absolutamente considerada um obstáculo para a unidade da fé: "Ainda que a fé seja una, são diversas as tradições nas igrejas, de maneira que um é o modo de celebrar a missa na santa romana igreja e outro nas igrejas da Gália"[2].

A igreja de Roma e a liturgia romana não tinham, portanto, um papel centralizador e de predomínio sobre as outras igrejas. Apesar disso, em virtude da organização ritual atingida e pelo alto nível de seus cantores, Roma começou a merecer prestígio e admiração unânimes, constituindo sempre mais um ponto de referência e um modelo para as outras igrejas.

Foi Carlos Magno que, prosseguindo a ação começada pelo pai, Pepino, impôs a todo o império a liturgia romana e o canto romano. A progressiva "romanização" das liturgias e dos repertórios conduz à formação do assim chamado repertório de canto *gregoriano*[3]; contemporaneamente se inicia o lento caminho que levará, por obra dos mosteiros, da tradição oral à tradição escrita do repertório do canto litúrgico.

---

1. Para aprofundar, cf. CATTANEO, E., *Il culto cristiano in Occidente. Note storiche*, Roma, 1984, 181-185. (Bibliotheca "Ephemerides liturgicae", Subsidia, 13)
2. SÃO BEDA, *Historia Anglorum, I*, p. 27: cf. RAINOLDI, F., *Traditio canendi*..., 141.
3. A referência do canto gregoriano ao Papa Gregório Magno († 604), retratado no ato de compor, inspirado pelo Espírito Santo, é fruto de uma lenda-tradição surgida após a morte do pontífice, alimentada por uma biografia de João Diácono.

É justamente graças ao estudo comparado dos códices que resulta o fato de o repertório gregoriano não coincidir com o canto romano antigo (que efetivamente Carlos Magno teria imposto a todo o império), mas apresenta notáveis elementos de fusão com o canto galicano. A questão ainda está aberta, mas a hipótese mais plausível é que o canto gregoriano tenha nascido de uma revisitação em terras francas do canto romano antigo e constitua, portanto, uma fusão das duas experiências.

Já no século VIII é documentada a existência de um amplo e completo repertório para o ofício e para a missa. No repertório para a missa, os mais antigos (V-VI séculos) parecem ser os cantos do próprio, destinados ao salmista (gradual, trato, aleluia) e à *schola* (introito, ofertório, *communio*). É um repertório de refinado valor artístico e de difícil execução, testemunhando o papel cada vez mais relevante assumido pelo canto ritual da *schola* e por cantores especializados. O ordinário da missa, pelo contrário, aparece nos códices com notas mais tarde e, em relação aos precedentes, assume um estilo silábico de mais fácil execução e parece sugerir um uso destinado à assembleia.

Apesar disso, a reforma carolíngia não significou apenas um fato de seleção e unificação do repertório. Com efeito, tomará vida entre o IX e XII séculos, um renovado fervor criativo que conduzirá à reelaboração e ao desenvolvimento de cantos precedentes e à criação de novas formas literárias e musicais, como tropos, prosas e sequências. Na origem desse fenômeno está a dúplice exigência de ampliar o repertório das *Scholae*, e de adaptar a proposta litúrgica às várias culturas locais (nascem os vários ofícios, o comum dos santos, algumas festas e solenidades como a Santíssima Trindade, o *Corpus Christi*...) favorecendo ademais a religiosidade popular e as práticas devocionais extralitúrgicas (ofícios rimados, *historiae*, dramas litúrgicos...), justamente num período em que a participação do povo ao rito se torna muda e passiva.

O sucesso que ainda agora floresce para o canto gregoriano, assumido nas várias épocas como canto próprio da igreja romana e como modelo de uma autêntica música litúrgica, encontra razão, além do inegável valor artístico das composições, no fato de que tal repertório "nasce do rito", servindo as funções dos diferentes gestos rituais e cobrindo as exigências de todo o arco do ano litúrgico e das diversas festas e solenidades. Finalmente, encontra razão no fato de que tal canto "nasce da palavra", formando com a palavra uma admirável simbiose.

Uma riqueza que, no âmbito interpretativo teve, porém, de sofrer uma decadência já nos primeiros séculos do segundo milênio até se tornar *cantus planus*, sinônimo de canto monótono. Contemporaneamente, a vida espiritual e litúrgica da igreja seguirá rumo a uma forte decadência e a música começará a viver uma relação diferente com a liturgia, desvinculando-se das exigências e das funções do rito e buscando para si um lugar sempre mais amplo e autônomo.

3

Decadência da vida e espiritualidade litúrgicas na era da *ars antiqua* e da *ars nova* (séculos XII-XIV)

Entre a alta Idade Média e os albores da Renascença a vida litúrgica tomou uma estrada de forte decadência.

O cristianismo, que até o momento fora animado pela entusiástica necessidade de expansão, de "ir e anunciar o Evangelho a todos os povos", agora, com a difusão já ocorrida em toda a Europa, encontra-se diante da exigência de dar coesão à própria organização interna. A urgência de salvaguardar valores herdados pela tradição diante do "novo", incrementa uma linha apologética e centralizadora da Sé de Roma, que leva ao congelamento ritual e ao serrar fileiras em torno da língua latina, que não é mais uma língua viva, como vínculo de unidade e integridade.

Mas é, principalmente, o casamento entre a Igreja e o poder temporal, e a identificação do alto clero com a classe da nobreza a empobrecer espiritualmente a vida religiosa e, consequentemente, a liturgia que, por sua vez, se presta a se tornar sinal de prestígio e de poder.

O nascimento das *Scholae* e das *Capelas*

A música com essa finalidade possui um papel relevante. Já desvinculada das funções rituais, ela conquista um lugar cada vez mais amplo e autônomo "no" rito e se torna o lugar privilegiado das experimentações da nova linguagem musical (o nascer das primeiras formas polifônicas, a elaboração de sistemas de convenção para a duração dos sons, o afirmar-se da notação quadrada sobre linha...), experimentações confiadas a musicistas profissionais primeiro nas *Scholae* e, depois, nas *Capelas*, que, surgidas no tempo da presença pontifícia em Avignon (1305-1377), se difundirão em seguida por toda a Europa até sua máxima floração nos séculos XV e XVI. Elas nascem inicialmente com a função de servir as liturgias privadas do senhor ou do prelado para as quais foram constituídas. Sinal de prestígio da corte comitente, são formadas por poucos cantores peritos inseridos na nobreza eclesial, de quem gozam benefícios e prerrogativas.

Obviamente, tudo isso se diferencia de lugar para lugar, entre cidades e aldeias, entre igrejas catedrais e pequenas igrejas..., mas a decadência espiritual de fundo é um fato comum. A única função "litúrgica", e em todo caso genérica, que se pode reconhecer à música é a de suscitar devoção. Com efeito, à música é reconhecido um alto valor de sacralidade e, paradoxalmente, é justo numa música intensa como *laus Dei et aedificatio fidelium* que convivem e encontram justificação, de um lado, um congelamento ritual que tende à defesa e ao integrismo da mensagem e uma arte vista como incenso a louvor de Deus, e do outro lado, o afastamento do povo do rito e da própria compreensão do rito e o seu refugiar-se na pia devoção.

A criatividade popular

Diante do empobrecimento espiritual dos altos níveis eclesiásticos e da decadência da vida e da espiritualidade litúrgica, corresponde, porém, em toda Idade Média uma fértil criatividade religiosa popular, alimentada por grandes figuras de santos e religiosos movidos por uma exigência renovada de adesão à radicalidade e pureza da mensagem evangélica. O povo, reunido em confrarias e agregações, dá vazão ao próprio sentimento religioso em práticas extrarrituais e paralitúrgicas como procissões, peregrinações, via-crúcis, sepulcros[1], presépios, sacras representações... Entre os cantos que animam essas devoções piedosas, floresce um rico filão de cantos em língua vernácula, de profunda carga espiri-

---

1. Na tradição popular, ainda muito presente na Itália, "sepulcros" era o nome que se dava aos altares da reposição do Santíssimo Sacramento na Quinta-feira Santa. (N. da T.)

tual (em nossa península itálica, as *Laudi*[2]), filão que permanecerá porém excluído dos repertórios rituais oficiais.

Mas várias vozes, mesmo no âmbito do magistério, se elevam para condenar a decadência dos costumes religiosos e litúrgicos, e contemporaneamente para prevenir, alertando contra os "perigos" da nova prática musical à qual é anteposta a melodia gregoriana, reconhecida como canto oficial do rito romano, vínculo com a tradição e sinal de sacralidade. Os dois aspectos (decadência dos costumes e nascimento da polifonia) historicamente se verificaram juntos e foram enfrentados conjuntamente na reflexão e no debate que diziam respeito à música litúrgica, de modo que algumas intervenções da Igreja podem ser interpretadas como reacionárias, como um frio diante do progresso técnico da linguagem musical. É essa a sorte tocada, por exemplo, à Constituição *Docta Sanctorum* do Papa João XXII.

A Constituição *Docta Sanctorum*

Escrita entre 1324 e 1325 — portanto, nos anos de Avignon e do nascimento da Capela — a *Docta Sanctorum* é o primeiro documento pontifício oficial que aborda o tema do canto litúrgico. O documento, que teve de todo modo uma eficácia muito pequena, é importante porque, junto com outros numerosos testemunhos da época, nos permite delinear o quadro da situação. Ademais, aparecem já aqui algumas problemáticas que se tornarão o pivô da reflexão sobre a música litúrgica ao longo da história e até os dias de hoje, como, por exemplo, a relação palavra-som, a inteligibilidade e integridade do texto sagrado, a relação sacro-profano, a coerência moral no estilo executivo.

Portanto, a condenação dos meios usados pela nova linguagem não é radical, mas deve ser lida dentro de uma perspectiva maior: a de tomada de consciência de um degrado em nível espiritual e litúrgico. Aquilo que mais preocupa o pontífice é que volte a ressoar na boca *um doce som*, de modo que, por meio do canto, Deus seja acolhido nos corações e se acenda a devoção para com ele.

Portanto, combate-se aquilo que aos olhos do tempo parece se constituir veículo e ocasião de desvio da música. O contraponto, o men-

---

2. A *Laude* (plural: *Laudi*) era uma composição poética e que muitas vezes era musicada e cantada. Foi muito difundida entre os séculos XIII e XIV na Itália. (N. da T.)

suralismo, a politextualidade, o *hoquetus*[3] se tornam "perigos" quando, levados ao extremo, causam danos à "inteligibilidade" do texto[4] e fomentam um exibicionismo vazio. Nesse sentido parece ser impossível realizar tanto a *laus Dei* quanto a *aedificatio fidelium*.

Junto à defesa da inteligibilidade do texto, deve-se adicionar a defesa da sua "integridade" e "sacralidade" e, portanto, a hostilidade para com temas de proveniência profana ou vulgar.

Finalmente, é condenada a "práxis executiva" quando esta for lasciva, quando o exibicionismo induz os fiéis mais ao riso que à devoção. A esse propósito, os Estatutos que regulamentam a disciplina das *Capelas* se ocuparão em seguida do comportamento irreverente dos cantores.

Todos esses temas e problemáticas continuarão a caracterizar a práxis litúrgica e o debate relativo a ela até o século XVI, época de grandes riquezas e contradições, como, e sobretudo, a dolorosa laceração interna da Igreja (a idade da Reforma e da Contrarreforma).

---

3. Entre os "perigos" mais temidos, havia a politextualidade — ou seja, o canto de textos diversos em várias vozes — e o *hoquetus*, isto é, a prática de quebrar a palavra, "soluçando".
4. "Ao escutar os motetos modernos pode acontecer de, ao final, ouvir-se a pergunta sobre se os cantores teriam feito o canto em hebraico, em grego, em latim ou em quiçá qual outra língua...": DE LIEGI, J., *Speculum Musicae*, cap. VII, 1324 ca.

4

A era de ouro da polifonia

A polifonia atinge sua maturação na Renascença.

As escolas catedralícias são a forja dos cantores-compositores, são o contexto nos quais eles são formados tecnicamente e profissionalmente.

A polifonia confere aos ritos um esplendor musical, mas não deixa de suscitar problemas no âmbito da compreensibilidade das letras das músicas, embora nas obras dos maiores compositores esse problema seja resolvido habilidosamente.

Entre esses, o primado espera Giovanni Pierluigi da Palestrina, musicista dedicado exclusivamente à música sacra e cuja obra representa o melhor da música vocal no que diz respeito ao repertório sacro (94 missas, motetos, antífonas etc.).

É esclarecedor o julgamento sóbrio de P. Damilano: "Mais que a quantidade de composições é o espírito vivificante da fé unido à excelsa arte que faz com que elas atinjam as alturas mais sublimes. Palestrina adentrou e assimilou profundamente a feliz expressão do concílio: *'Non ad inanem aurium oblectationem [...] sed ita ut audientium corda ad coelestis harmoniae desiderium beatorumque gaudia contemplanda rapiantur'*"[1]. O sentido desse texto poderia ser resumido pelo seguinte conceito: o louvor de Deus e a edificação dos fiéis são o fundamento de toda a liturgia.

A obra palestriniana está marcada por um grande equilíbrio entre técnica e inspiração, pela natureza do discurso musical, pelo casamento ideal entre letra e música. Tudo isso leva a reconhecer em Palestrina a linguagem musical, litúrgica e artística mais completa.

---

1. DAMILANO, P., Liturgia e musica nell'epoca palestriniana, in: VV. AA., *Atti del Convegno di studi Palestriniani*, s.l.n.a., 323: apud in: DONELLA, V., *Musica e liturgia. Indagini e riflessioni musicologiche*, Bergamo, 1991, 30.

A MÚSICA LITÚRGICA NA HISTÓRIA

O Concílio de Trento discutiu a questão "música na liturgia" ao longo da XXII sessão, que ocorreu de julho de 1562 a 4 de dezembro de 1563, data de seu fechamento. Foi um argumento tratado de maneira muito veloz e o cânon que daí saiu limitou-se a recomendações muito vagas.

Em vez disso, um papel importante teve a comissão presidida pelos cardeais Vitelli e Borromeu. Nela se atuou procurando os elementos próprios de uma música apta ao culto litúrgico e, de consequência, abolindo o repertório marcado por um espírito mais profano.

A obra palestriniana foi reconhecida como a mais adequada ao culto litúrgico. Palestrina foi amplamente imitado por uma legião de compositores que se identificavam com seu estilo. Isso levou ao nascimento de uma verdadeira e própria escola: a Escola Romana.

Assim, a polifonia teve o apoio e a autorização por parte da Igreja. Isso levou os fiéis a uma participação litúrgica limitada à escuta e, por causa daqueles casos de rigidez desejados pelo Concílio de Trento para a defesa do dogma, se excluiu a possibilidade de um canto popular.

Um costume ulterior em uso durante o período da Renascença, mas longe de uma influência direta romana, vê o órgão como um dos principais protagonistas da música litúrgica.

O uso do canto *in alternatim*, com esse instrumento será um hábito cada vez mais aceito e progressivamente regulamentado. Essa práxis verá o surgimento de uma literatura organística de grande qualidade graças à ação de maestros como Banchieri, Frescobaldi etc.

Também a música instrumental não organística e não necessariamente para a sustentação do canto tem um espaço sempre mais relevante. Utiliza-se abundantemente a música instrumental, muitas vezes no estilo do *alternatim*, principalmente em celebrações como procissões, missas, vésperas.

Gabrieli, Merulo, Monteverdi, musicistas dentre os mais representativos, procuram novas expressividades e novas linguagens, por vezes audazes.

O que este novo modo de pensar a música se propõe concerne, principalmente, a maior expressividade de que ela deve se tornar veículo, particularmente quando diz respeito a uma letra cantada. A música é entendida como serviço à palavra, à sua cor e à sua expressão. Para este fim se utilizam todos os meios à disposição, seguindo a própria sensibilidade e fantasia.

Abrem-se então as portas para o estilo de concerto; será essa a linguagem musical típica do Barroco, que encontrará cultores em toda a Europa.

Se, graças a isto, obras-primas e obras imortais virão à luz, para a liturgia os problemas relativos à música sacra se tornarão sempre mais agudos e complexos.

O que o tridentino havia pedido, ainda que genericamente, permanecerá como algo não escutado e letra morta.

5
O Barroco

No final do século XVI as portas para o Barroco se abrem. A nova atmosfera cultural e artística tinha em Veneza a sua forja mais fecunda.

Entre os compositores mais importantes devem ser recordados Willaert, De Rore, os Gabrieli e, primeiro dentre todos, Monteverdi.

O Barroco, na música, se realizava fundamentalmente por meio de duas linguagens: a monódica e a polifônica.

O *húmus* cultural do qual se nutriam era o mesmo: o gosto pelo espetáculo, a fantasia, o desejo de criar um clima que mova os "afetos", que toque o coração do ouvinte, que o impressione.

Na liturgia eram acolhidas as novas composições caracterizadas por elementos e procedimentos similares àqueles que pertenciam à música profana, tendo como resultado a presença, ao mesmo tempo, de estilos diferentes dentro da liturgia.

O canto solo punha em destaque a voz, que, isolada da massa, fascinava e conquistava.

A polifonia, realizada na policoralidade, conferia voz e expressão para o sentimento e para a necessidade de grandiosidade, de magnificência e de espetáculo.

Também os instrumentos musicais encontravam amplo emprego ao se colocarem em diálogo com as vozes, criando misturas de timbres e efeitos sonoros de particular originalidade e fascínio.

Às vezes composições exclusivamente instrumentais supriam o canto das antífonas do *proprium* da missa ou decoravam outras partes do ofício.

A música obtinha assim um papel de primeiríssimo plano: era-lhe concedido um poder extraordinário sobre o rito verdadeiro e próprio, privando o legítimo espaço a este último.

Ademais, a liturgia barroca representava um momento de ostentação estética, uma experiência hedonista, uma ocasião para escutar e deliciar o ouvido em detrimento do verdadeiro objetivo: o louvor a Deus e a santificação dos fiéis.

As igrejas, as mais importantes e capazes dessas manifestações (de fato, é duvidoso que tanto fasto e pompa sonora pudessem estar presentes nas igrejas rurais, mais pobres de meios e possibilidades), se transformavam com frequência em lugares de música e de exibições, verdadeiros templos da arte, procurados pelos amantes e apaixonados por música.

De nada servirão as admoestações das autoridades eclesiásticas contra esses abusos[1].

---

1. Cf. SAGRADA CONGREGAÇÃO DOS RITOS, Decreto de 21 de fevereiro de 1643, in: CATTANEO, E., *Il culto cristiano*, 343.

6
A música litúrgica no século do Iluminismo

Durante todo o século XVIII e XIX a música na Igreja está cada vez mais marcada pelo estilo de concerto.

É um fenômeno que se expande gradualmente envolvendo toda a área cultural e religiosa europeia.

Nesses anos a reflexão sobre temas litúrgicos se firma e se aprofunda.

A pesquisa está voltada para a recuperação da tradição dos Padres, dos quais se extrai uma genuína sensibilidade do fato celebrativo, mais do que aos valores estético-musicais, mas nem mesmo isso conduz a práxis litúrgico-musical a uma nova atitude; antes, ela permanece substancialmente estranha, ou mesmo indiferente, a essas novas orientações.

Ademais, entre as razões dessa imobilidade deve-se recordar que a maioria dos compositores da época opera tanto no setor da música sacra quanto no da música teatral, obtendo como resultado desse dúplice empenho, a coexistência na liturgia de linguagens e estilos musicais diferentes.

A liturgia vive as mais disparatadas experiências musicais; todos os programas e as mais variadas práticas são possíveis e se misturam.

Um motivo a mais reside numa nova sensibilidade espiritual e estética que se está afirmando. Ela conduz à superação do dualismo "sacro-profano", entendidos como elementos sedimentados e reconhecíveis em determinadas formas ou estilos.

Em suma, se considera que o caráter sacro ou profano resida mais no conteúdo de uma letra que na linguagem musical que a torna lírica.

À música se pede apenas que mova os afetos e crie efeitos, que obtenha os resultados desejados: isso basta.

A MÚSICA LITÚRGICA NA HISTÓRIA

A sacralidade ou a profanidade não diz respeito ao revestimento sonoro de uma letra, mas aquilo que este contém.

Na realidade também os espíritos mais abertos e iluminados, mesmo partindo de posições, sensibilidades e interesses diferentes, como é o caso de Muratori, Burney e outros, percebem a necessidade de encontrar uma linguagem musical que exprima na liturgia a "alteridade ritual" sem a qual a música litúrgica não podia não "problematizar". Em nível doutrinal se elevam vozes autorizadas.

Papa Bento XIV na encíclica *Annus qui* de 1749 enviada aos bispos e aos fiéis do Estado Pontifício, mas com uma intenção universal, admoesta de uma parte o valor do canto gregoriano, e da outra, pensando nos compositores que cultivavam um estilo moderno, afirma a legitimidade do uso dos instrumentos musicais desde que não muito rumorosos (que evocariam situações bélicas) ou demasiadamente leves (evocariam situações mundanas).

A tomada de posição do papa Lambertini (Bento XIV) resultou, contudo, muito conciliadora e não suficientemente decidida para resolver a questão, de fato a práxis nas igrejas permaneceu inalterada.

Entre as razões que levaram a essa situação de substancial imobilismo, deve-se recordar a falta de princípios e objetivos claros, que chegassem a uma reforma estrutural da liturgia, a partir dos programas rituais que, dentre outras coisas, obrigando o povo ao latim, na realidade o excluía da participação consciente e ativa.

Mas para isso havia necessidade de uma consciência litúrgica amadurecida que, naquele momento, era impossível até mesmo de se imaginar.

7
O Romantismo

O Romantismo é um fenômeno complexo, de modo que elaborar uma síntese breve e exaustiva se torna bastante difícil. É uma realidade que envolve a multiplicidade da experiência espiritual, cultural e artística do homem romântico. No que diz respeito a música sacra em particular, trata-se de organizar o vastíssimo e variado repertório sacro do século XIX.

As mesmas concepções musicais do tempo, além de serem numerosas, se diversificam e por vezes até mesmo se contradizem, tornando o esforço de organização particularmente laborioso.

As matrizes filosóficas e as experiências culturais que estão na base de tais concepções conduzem a um debate musical extremamente diferenciado sob o perfil crítico e estético, debate que envolve também a música religiosa e de Igreja.

Sintetizando ao máximo, se poderia afirmar que na atmosfera cultural romântica a experiência musical e a obra de arte são consideradas formas supremas de religião.

A respeito da criação musical tem-se uma visão totalizante e autônoma. A obra autenticamente musical é considerada "celebração" em si mesma, para além do lugar e do momento em que ela é criada. A própria música sacra parece se diluir na busca de uma religiosidade vaga e genérica. Um espírito panteísta paira em todos os lugares.

A reviravolta da relação entre música e liturgia

Dessa maneira, no que diz respeito à música litúrgica, se assiste a um processo de dissociação, até mesmo de reviravolta, na relação entre a música e a liturgia: a primeira domina a segunda, de modo que a liturgia se torna serviçal da música. Para tanto, basta pensar na *Missa Solemnis* de Beethoven, na Missa de Schubert e em outras composições similares de autores românticos como Cherubini, Rossini, Berlioz, Verdi. São obras que, em sua totalidade, são contadas entre as obras-primas da produção romântica, com a limitação de não serem "antilitúrgicas", mas simplesmente "a-litúrgicas", uma homenagem a um Deus privado de um perfil bem delineado.

Essas composições provêm de uma concepção de arte entendida como "autocelebração". Alimentam-se de uma religiosidade enraizada mais na emoção artística que na verdadeira espiritualidade, se entendermos com essa expressão o diálogo filial do fiel que se dirige a Deus e se reconhece parte da realidade eclesial.

A mesma atitude e o mesmo espírito se encontram também na produção de autores de menor importância.

Nem por isso a época romântica permanece estranha à busca de um ideal e de uma reforma da música sacra. O caminho dessa busca se explica, substancialmente, percorrendo dois caminhos. No primeiro, o olhar se estende adiante, estimulando os compositores a procurar uma nova, mais atualizada e sincera linguagem. No segundo, o olhar se dirige para o passado: se observam os velhos modelos e tudo aquilo que se liga e evoca a tradição.

Nunca se chegou a uma síntese das duas posições, pelo contrário, nas obras dos autores mais representativos (Lizst, Gounod, Bruckner etc.), se assiste à presença ora de um percurso, ora de outro.

É interessante notar a ênfase de caráter saborosamente espiritual que orienta as atitudes interiores do compositor de música sacra.

Hoffmann considera que o estímulo da composição sacra deve provir da experiência interior e própria de Deus. A alma da obra sacra se alimenta da devoção e da adesão interior à fé daquele que compõe para a liturgia. A obra deve nascer da necessidade totalmente interior de exprimir a própria riqueza espiritual. Essas preocupações de caráter "moral", ainda que mantenham seu valor inegável, demonstram, contudo, como os problemas reais, como a referência às exigências da liturgia e à necessária perícia técnica do compositor, não são ainda enfatizados e percebidos como basilares. Será necessário esperar ainda.

O movimento ceciliano

Tudo aquilo que aqui foi sendo afirmado permanece como uma pista de leitura apenas para uma parte da produção sacra do romantismo. A outra parte nos leva a considerar e a refletir sobre a experiência "ceciliana", originada a partir de um verdadeiro e próprio movimento: o "movimento ceciliano", que na busca por um estatuto renovado para a música sacra, percorrerá outras estradas.

A aurora do "movimento ceciliano" se refaz nos anos 1820. A primeira assembleia da Associação alemã Santa Cecília ocorreu em 1868 e a oficialização do movimento se dará em 1870 por obra de Leão XIII.

A Associação Santa Cecília tem então larga difusão e diz respeito a toda área europeia católica, conseguindo influenciar musicistas que não se identificavam diretamente com a mesma sensibilidade da Associação.

A atividade desse movimento, que em sua ação reformadora se propunha até mesmo a atuar numa reeducação litúrgica do clero e dos fiéis, coincide com a ação do Movimento Litúrgico de espírito romântico, que em Guéranger, abade de Solesmes, Sailer, bispo de Ratisbona e Newmann na Inglaterra, tinha seus mais prestigiosos expoentes.

As características da ação do Movimento Litúrgico foram o amor à *Sagrada Escritura*, sentido da sua interpretação tradicional segundo a teologia dos Padres, conceito profundo do valor da tradição e da sua continuidade indefectível, fidelidade absoluta ao magistério da Igreja.

Para o que diz respeito ao cecilianismo, é necessário aqui recordar como ele seja devedor, em sua estética, à filosofia e à arte do romantismo.

Essas correntes de pensamento encontram no passado longínquo um local de preciosos modelos a serem vistos com devoção e dos quais captar inspiração. No caso particular, o que diz respeito à música sacra, Palestrina permanece o modelo, para não dizer o mito, a ser contemplado e imitado. Não apenas Palestrina, não apenas a música "a capela", mas o próprio canto gregoriano é visto como um ideal.

Portanto, chega também o momento da restauração do grande patrimônio gregoriano.

Depois de várias peripécias, em razão de um estudo crítico extremamente sumário, se chegou a ter, graças ao empenho sério de Solesmes, um repertório de canto gregoriano que abriu a estrada para a Edição Vaticana.

Observações conclusivas

A este ponto podemos fazer algumas considerações conclusivas.

Em primeiro lugar, o cecilianismo, em sua busca por uma linguagem musical tipicamente sacra, atuou em algumas escolhas fundamentais, como a redescoberta e a imitação dos grandes modelos do passado, e a busca por um léxico musical alijado de toda contaminação profana; princípios sobre os quais a discussão até hoje não se esgotou. Ademais, conduziu à produção de obras afastadas do estilo teatral, pomposo e de difícil execução. Em vez disso, preocupou-se em fornecer um repertório de fácil execução, revelando cuidado e respeito pelas exigências da liturgia, em muitos lugares deixadas de lado.

Se a ideologia do romantismo, com o culto à personalidade de cada artista individualmente e suas contradições, com o olhar mais voltado para o passado do que para a profecia, não favoreceu substancialmente o caminho da música sacra, é necessário reconhecer, no entanto, que ela em todo caso enriqueceu o léxico musical e suas modalidades expressivas.

A linguagem musical do romantismo deu voz a todas as moções do coração humano e, portanto, também à sua dimensão religiosa.

Neste sentido, a música litúrgica hoje pode se enriquecer de tudo quanto foi produzido de sincero e de autenticamente religioso da arte dessa época rica de paixões e contradições.

8

O movimento litúrgico musical no século XIX e o Motu Próprio *Tra le sollecitudini* de Pio X

Os grandes acontecimentos históricos e sociais que se abateram sobre a Itália e a Europa no século XIX marcaram profundamente também a Igreja. Basta pensar no "Risorgimento" e na Unidade da Itália com a consequente perda do poder temporal da própria Igreja. Se é verdade que em muitos, sobretudo dentro da hierarquia, há uma evidente intransigência e nostalgia diante da queda do estado pontifício e, portanto, do poder temporal, por outro lado, esse é o século de um cristianismo vivo, movido pela sincera necessidade de ler e enfrentar as novas problemáticas e a pobreza emergente, como, por exemplo, a questão operária, a imigração... Pense-se na encíclica *Rerum Novarum* de Leão XIII (1891), mas também nas grandes figuras de pastores e santos, como os bispos Bonomelli e Scalabrini diante do problema da imigração; São João Bosco na região do Piemonte, região da nascente era industrial, e tantos outros. E, assim, encontrar força na oração, na oração em forma de canto, e sobretudo, no canto coral do povo.

Enfim, uma nova e forte atenção pelo "povo" e pelo "canto coral" é característica própria da sociedade da Europa do século XIX. Floresce em todo lugar uma intensa atividade coral, como exigência da personalidade subjetiva e da coletividade do sentir-se povo, nação. Esse fenômeno, com a recuperação da positividade do sentido do transcendente e do sentido da história e da tradição, frutos evidentes da *Weltanschauung* romântica, poderá ajudar na percepção de alguns aspectos próprios da música litúrgica que emergirão entre o final do século XIX e a primeira metade do século XX, como as *Scholae cantorum* e o canto popular sacro e a referência a modelos repertoriais históricos, como o gregoriano e Palestrina.

A dimensão litúrgica e músico-litúrgica se insere nesse contexto vivendo também um momento de profunda reestruturação. O século XIX é, ao mesmo tempo, o século em que a música de igreja toca talvez o fundo do poço da degradação e, na mesma medida, é impulsionada por uma determinada vontade de ressurgimento.

Os numerosos testemunhos, as denúncias e as intervenções do magistério, desenham a situação como que caracterizada por um "convencionalismo"[1] teatral imperante (não apenas o estilo, mas as próprias melodias da Ópera, transcritas e adaptadas, animam tanto a literatura organística quanto o repertório vocal, até à concepção de inteiras "missas-plágio") e por "abusos" arbitrários em relação ao texto e às funções rituais.

A esse afastamento de um "culto" contaminado por convencionalismos e abusos de teatro das novas e urgentes perguntas da "vida" do povo, responde, desde os inícios do século, uma concepção eclesiológica, que, sob o estímulo dos teólogos J. M. Sailer (1751-1832) e J. A. Möhler (1769-1836), volta a acentuar a importância do culto como alma da vida da Igreja.

O empenho pela reforma

A partir dessas bases, se inicia por toda a Europa um forte empenho pela reforma. A pesquisa confiante de um "ideal de música sacra" caracteriza o empenho do movimento reformador, indicando em negativo os males a serem combatidos e em positivo as características a serem buscadas, tanto em referência aos modelos históricos do gregoriano e de Palestrina, quanto ao cultivo da exigência de uma música nova e digna das exigências litúrgicas. Nesta estrada se encaminharão como protagonistas sobretudo os monges de Solesmes[2] e as associações cecilianas.

O movimento gregoriano suscitado em Solesmes por Dom Guéranger, Dom Pothier e Dom Mocquereau, baseando-se no estudo compa-

---
1. Cf. SARTO, G. (CARD.), PATRIARCA DE VENEZA, *Lettera pastorale*, 1895.
2. Entre as principais publicações de Dom Guéranger, iniciador do movimento litúrgico solesmense, se recorda pelo menos as *Institutions liturgiques* (1851) e os volumes de *Année liturgique*.

rado das fontes[3], tornou possível uma reconstrução, por meio de bases científicas, das melodias gregorianas. Com a "restauração gregoriana" se inicia um trabalho de estudos paleográficos e de publicações para uso litúrgico[4] que continua ainda hoje, mas, ao mesmo tempo, surge uma produção original de melodias neogregorianas em estilo silábico com destinação popular.

As associações cecilianas, das quais já se falou, surgem em toda a Europa com o reconhecimento oficial da Santa Sé. Na Itália, o iniciador do movimento ceciliano foi o sacerdote milanês G. Amelli. Ele conseguiu fundar associações cecilianas diocesanas, uma associação nacional e, em 1877, a revista "Música Sacra"; em seguida, em Milão, iniciou também uma escola de música sacra.

O Motu Próprio *Tra le sollecitudini*

A obra de renovação promovida por Solesmes e pelas associações cecilianas se move alinhada com as intervenções, cada vez mais frequentes e decididas, dos pastores locais e da Sé de Roma, até o Motu Próprio *Tra le sollecitudini* com o qual Pio X, em 1903, dará um impulso radical para uma autêntica reforma.

O documento, mais do que nunca enérgico e determinado, fundamenta as próprias prescrições sobre um ideal de música sacra que havia amadurecido no seio das reflexões do cecilianismo. "A música sacra, como parte integrante da liturgia, participa de seu fim geral" com o ofício principal de "revestir com melodia idônea o texto litúrgico que é proposto para a inteligência dos fiéis".

A música sacra deve, consequentemente, ser *santa, arte verdadeira* e *universal*. Particularmente, a santidade exige a exclusão de toda profanidade, seja "em si própria", seja "no modo" que caracteriza a execução; a universalidade requer que, ainda que acolhendo alguns elementos específicos de cada povo e nação, nela haja o respeito das características gerais da música sacra.

O pontífice, em seguida, passa a tratar dos gêneros da música sacra, do texto litúrgico, da relação forma-funções rituais, dos atores, do

---

3. A esse respeito, foi fundamental a descoberta, na metade do século, dos códices de Montpellier e do códice 359 de San Gallo.
4. Em virtude de sua importância a serviço dos clérigos para a missa e o ofício, recorde-se aqui apenas o *Liber usualis*.

órgão e dos instrumentos, da amplitude da música litúrgica e, finalmente, dos meios principais para a atuação da reforma.

Em particular, entre os gêneros admitidos, o canto gregoriano é reconhecido como o canto da igreja romana e o modelo compositivo para uma autêntica música sacra; é proposta também a polifonia de estilo palestriniano e admitida a música moderna, se corresponde às qualidades da verdadeira música sacra, excluindo toda profanidade e convencionalismo teatral.

Deve-se sublinhar a atenção dada ao povo e à sua participação por meio do canto no rito e a identidade ministerial reconhecida aos cantores, que desenvolvem um verdadeiro "ofício litúrgico". A música, por sua vez, em sua forma, deve aderir às funções dos diferentes gestos rituais ("Portanto, é diverso o modo de compor um introito, um gradual, uma antífona, um salmo, um hino, um glória"), não abusar pela amplitude e respeitar a integralidade e inteligibilidade do texto. Com essa finalidade é também reafirmada a primazia da música vocal em relação ao órgão; outros instrumentos são também admitidos, mas apenas em casos particulares e com a permissão do ordinário.

O latim permanece como a língua própria da igreja. Na prática, porém, como se verá em seguida, a língua vernácula começará a dar vida a um repertório religioso popular próprio e a composições polifônicas para várias tipologias de execuções do órgão.

Diferentemente de outras intervenções anteriores do magistério, este documento teve um efeito realmente extraordinário, encontrando uma imediata aplicação. Para esse fim, se tornaram importantes "os principais meios" expressamente indicados nos últimos capítulos do Motu Próprio: a instituição de comissões diocesanas de música sacra, a devida formação nos seminários e nos institutos eclesiásticos, a instituição de *Scholae cantorum* também nas igrejas menores e rurais, instituição de escolas superiores de música sacra.

Os tempos estavam maduros e o século XIX se abrirá com um novo período caracterizado por uma retomada unânime e entusiasta; talvez tenha sido um dos poucos períodos da história da Igreja nos quais o povo realmente participa ativamente "no canto", no âmbito do rito. Um rito, portanto, que se abre à vida cotidiana do povo, às suas súplicas e exigências mais urgentes.

9
O renascimento litúrgico na primeira metade do século XX

A primeira metade do século XX assistiu a um caminho unânime de renascimento litúrgico que encontrou seus pontos de força na aplicação entusiasta e confiante das pistas autorizadamente indicadas pelo Motu Próprio de Pio X. Certamente, mesmo a intervenção de Pio X se ressente das condicionantes do contexto histórico em que está inserida, mas a prática soube colher o espírito do documento e ir bem além de seus próprios limites. Particularmente, certas tomadas de posição radicais encontram explicação na necessidade de frear com determinação os abusos e os excessos do tempo. Assim, por exemplo, a exigência de defender a integridade do texto mantém ainda afastada a língua vernácula; o coro é ainda, de preferência, clerical[1] e o repertório religioso popular está excluído da liturgia oficial, mas apenas no documento, pois a prática legará um flórido repertório religioso popular, em língua vernácula, destinado ao povo, mas também as *Scholae* formadas por leigos!

Fervor de iniciativas

Como forma de operacionalizar o Motu Próprio, nas dioceses as comissões para a música sacra são postas em atividade. Nasce o Pontifício Instituto para a música sacra, mas sobretudo florescem até mesmo nos vilarejos as escolas diocesanas de música sacra, as chamadas escolas cecilianas.

---

1. Os leigos podiam ser admitidos entre os cantores se fossem "homens de reconhecida piedade e de vida proba", ademais, deviam vestir a sobrepeliz e ser protegidos pelas grades [do coro].

Deve-se adicionar a essa atividade capilar de formação a extraordinária difusão das *Scholae cantorum*, não mais formadas por cantores profissionais, mas pela gente do povo que se reúne (às vezes nos curtos períodos livres do trabalho duro no exterior!) para cantar na liturgia.

Muitos são os compositores[2] que, aderindo ao espírito da reforma, fornecem um repertório atento às exigências funcionais do rito e às temáticas do ciclo do ano litúrgico, e contemporaneamente capaz de servir aos mais diversos tipos de execuções em órgãos, à voz única do povo, à duas ou mais vozes iguais, aos *pueri cantores*, à *schola*.

A música instrumental não desaparece, mas, reservada quando muito ao órgão, se torna mais funcional às exigências do rito. A mesma técnica organista concebe um tipo de órgão chamado "ceciliano", adequado mais ao acompanhamento que ao estilo de concerto e solo. Finalmente, ocorre sublinhar o nascimento de um editorial litúrgico, nascido para oferecer um serviço não apenas aos clérigos, mas também às assembleias e às *Scholae* por meio de publicações, revistas, manuais e subsídios variados[3].

A liturgia é o lugar onde se encontram pessoas com as necessidades da própria vida cotidiana, lacerada pelas ditaduras, pelo colonialismo, pelas duas guerras mundiais e pela nova onda migratória. Situações que fazem apelo à pátria, à família e à religião como valores de coesão e reconstrução. A vida litúrgica é testemunha deste sentir coral, e caminha com vigor renovado rumo ao dom do Concílio Vaticano II.

Intervenções importantes do magistério

Entre o Motu Próprio de Pio X e Concílio Vaticano II não faltaram outras intervenções importantes do magistério sobre a liturgia e sobre a música sacra.

Se a Constituição Apostólica *Divini cultus* de Pio XI (1928)[4] vai na linha, substancialmente, de reafirmar os conteúdos e as prescrições do

---

2. Dentre todos deve ser recordado, pelo menos, L. Perosi (1872-1956), amigo de Pio X, mas com ele, tantos outros: M. E. Bossi, F. Caudana, o cardeal Merry Del Val, O. Ravanello, F. Vittadini.
3. Deve-se mencionar o *Liber Cantus* (1931), organizado por E. Dalla Libera para a Associação de Santa Cecília, subsídio para os fiéis que traz letras e melodias de cantos para a missa, as vésperas, a liturgia dos defuntos e as pias devoções, com um conspícuo número de cantos em italiano.
4. Pio XI, Constituição Apostólica *Divini cultus*, in: AAS 21 (1929), 22-41.

predecessor, a encíclica *Musicae sacrae disciplina*[5] de Pio XII, promulgada em 1955 e preparada pela encíclica *Mediator Dei*[6], assinala um ponto alto no caminho de reforma já eficazmente iniciado. A contribuição de Pio XII se caracteriza por uma preocupação fortemente pastoral: de fato, na base dos dois documentos é possível perceber dois conceitos inspiradores comuns: o de *apostolado litúrgico* e o de *participação do povo na liturgia*, conceitos que se traduzem na dúplice exigência de tornar mais atuais as celebrações sacras e conduzir o povo a participar delas diretamente e, consequentemente, a participar no canto e com o canto. Daí deriva o buscar um ideal de música sacra como *sacrae liturgiae quasi administra*, por meio da busca do essencial e a eliminação de todo meio supérfluo.

Com a finalidade de recolher os principais pontos dos documentos precedentes e condizentes à sagrada liturgia, à música sacra e sua eficácia pastoral, sai em 1958 a "Instrução da Sagrada Congregação dos Ritos sobre a música sacra e a sagrada liturgia"[7].

A Instrução de 1958 volta a sublinhar a íntima ligação entre a liturgia e a música; já acolhe plenamente o canto religioso popular, mas sobretudo evidencia a dimensão da participação ativa de todos no rito, cada um segundo o próprio estado e seu caráter batismal. Em seguida afirma que todos aqueles chamados ao canto no coro e na *schola* exercitam "um serviço ministerial direto, porém, delegado". A participação de todos na liturgia por força do batismo requer que seja dada grande atenção à formação dos leigos, formação que encontra a primeira e fundamental escola na *família*. Mas a reflexão sobre a liturgia e sobre a música litúrgica não devia em hipótese alguma exaurir-se aqui, muito pelo contrário; de fato, poucos anos depois, João XXIII abrirá as portas para o Concílio Vaticano II, cuja primeira Constituição será a *Sacrosanctum Concilium* sobre a sagrada liturgia (4 de dezembro de 1963).

---

5. Cf. Pio XII, Carta Encíclica *Musicae sacrae disciplina*, in: AAS 48 (1956), 5-25. Tradução italiana organizada pela Associação de Santa Cecília, in: Associazione Italiana Santa Cecilia (a cura), *L'enciclica "Musicae sacrae disciplina" di sua santità Pio XII*, Roma, 1957.
6. Pio XII, Carta Encíclica *Mediator Dei*, in: AAS 39 (1947), 521-600.
7. Sagrada Congregação dos Ritos, Instrução *De musica sacra et sacra liturgia*, in: AAS 50 (1958), 630-663.

10

O Concílio Vaticano II e a renovação da liturgia na segunda metade do século XX[1]

De um ponto de vista celebrativo, os quatro séculos entre o Concílio de Trento e o Vaticano II estão caracterizados por um longo período de congelamento e uniformidade ritual em torno dos livros litúrgicos publicados no âmbito da reforma tridentina[2].

E o Concílio Vaticano II abre as portas colocando em absoluto primeiro plano o tema da liturgia: quase o ponto de chegada da atividade da reforma fortemente buscada ao longo da primeira metade do século XX, a Constituição *Sacrosanctum Concilium* sobre a sagrada liturgia, fruto de um longo trabalho que se alongou por cerca de três anos e meio[3] entre as fases preliminares e a confecção definitiva do texto, é, de fato, o primeiro documento do Concílio.

A Constituição *Sacrosanctum Concilium* sobre a sagrada liturgia – Princípios gerais

O primeiro dos sete capítulos da Constituição oferece alguns "Princípios gerais para a reforma e o incremento da sagrada liturgia"[4] que querem

---

1. Para o aprofundamento cf. BUGNINI, A., *A reforma litúrgica (1948-1975)*. São Paulo, Paulinas, Paulus e Loyola, 2018; CATTANEO, E., *Il culto Cristiano*, 518-534.
2. Em 1568 foi publicado o novo *Breviário*; em 1570 o *Missal*; em 1583 o *Martirológio*; em 1596 o *Pontifical*; em 1600 o *Cerimonial dos Bispos*; em 1614 o *Ritual*.
3. No dia 5 de junho de 1960, João XXIII constitui a comissão litúrgica preparatória; no dia 11 de outubro de 1962 teve início, oficialmente, o concílio; no dia 4 de dezembro de 1963 foi aprovada a Constituição *Sacrosanctum Concilium* perante a presença do papa Paulo VI, com 2.147 votos favoráveis e 4 contrários.
4. Cf. SC 1-20, in: EV I, 1-31.

esclarecer "a natureza da sagrada liturgia e sua importância na vida da Igreja" e a necessidade da "educação litúrgica e [...] participação ativa" de todos os fiéis, povo de Deus que celebra o mistério pascal como exercício em Cristo de um novo e eterno sacerdócio.

A liturgia "exercício do sacerdócio de Cristo"

A liturgia, como "exercício atual da função sacerdotal de Cristo" (SC 7) é a obra em que se cumpre a nossa salvação: tem a ver, no modo mais profundo, com a vida de cada ser humano, com suas perguntas mais urgentes às quais deseja conferir sentido e resposta celebrando no tempo o mistério pascal de Cristo, único sacerdote e mediador do encontro salvífico entre homem e Deus; ministro do santuário e do verdadeiro tabernáculo, verdadeiro homem e verdadeiro Deus que compartilha até à morte a morte de todo ser humano e que, ressurgindo, proclama e dá a vida.

> Esta obra da redenção dos homens e da glorificação perfeita de Deus [...] realizou-a Cristo Senhor, principalmente pelo mistério pascal da sua bem-aventurada paixão, ressurreição dos mortos e gloriosa ascensão, em que "morrendo destruiu a nossa morte e ressurgindo restaurou a nossa vida" [...] Assim como Cristo foi enviado pelo Pai, assim também ele enviou os apóstolos, cheios do Espírito Santo, não só para que, pregando o evangelho a toda a criatura, anunciassem que o filho de Deus, pela sua morte e ressurreição, nos libertara do poder de satanás e da morte e nos introduzira no reino do Pai, mas também para que realizassem a obra de salvação que anunciavam, mediante o sacrifício e os sacramentos, à volta dos quais gira toda a vida litúrgica [...]. Desde então, nunca mais a Igreja deixou de se reunir em assembleia para celebrar o mistério pascal (SC 5-7).

Participação dos homens na função
sacerdotal de Cristo, na força do batismo[5]

Os seres humanos são chamados, portanto, a participar no sacerdócio de Cristo, em sua ação de salvação...

> Pelo batismo os homens são inseridos no mistério pascal de Cristo: mortos com ele, sepultados com ele, com ele ressuscitados [...] E sempre

---
5. Para o aprofundamento da espiritualidade e a dimensão batismal do canto litúrgico cf. DURIGHELLO, G., *Il canto è il mio sacerdozio*, Pádua, 1997, 56 ss.

que comem a Ceia do Senhor, anunciam igualmente a sua morte até seu retorno (SC 6).

Para realizar tão grande obra, Cristo está sempre presente na sua Igreja, especialmente nas ações litúrgicas [...] [e] associa sempre a si a Igreja, sua esposa muito amada (SC 7).

... no rito e na vida:

- *No rito*: "plena, consciente e ativa participação" de todos os fiéis. A liturgia como "primeira e necessária fonte onde os fiéis hão de beber o espírito genuinamente cristão" (SC 14) requer, por sua natureza, que:

  Todos os fiéis [sejam] formados naquela plena, consciente e ativa participação nas celebrações litúrgicas que a própria natureza da Liturgia exige e que é, por força do batismo, um direito e um dever do povo cristão, "raça escolhida, sacerdócio real, nação santa, povo adquirido" (1Pd 2,9; cf. 2,4-5). (SC 14)

- *Na vida*: a liturgia "culmen" e "fons" da vida da Igreja:

  A liturgia é simultaneamente a meta para a qual se encaminha a ação da igreja e a fonte de onde promana toda a sua força [...]. Impele os fiéis, saciados pelos "sacramentos pascais", a viverem "unidos no amor" do Pai; pede "que sejam fiéis na vida a quanto receberam pela fé" [...]. Introduz e aquece os fiéis na caridade urgente de Cristo (SC 10).

  É essa a razão por que no sacrifício da missa pedimos ao Senhor que, tendo aceite a oblação da vítima espiritual, faça de nós uma "oferta eterna" a si consagrada (SC 12).

O documento, portanto, sempre no capítulo I, indica algumas "normas" para a reforma, normas de caráter geral (SC 22-25), que derivam da natureza comunitária e hierárquica da liturgia (SC 26-32), da natureza didática e pastoral da liturgia (SC 33-36) e da exigência de adaptação à índole e tradição dos vários povos (SC 37-40). Essas "normas" servem como princípios guias para o documento em sua totalidade e são regidas por alguns cuidados fundamentais[6], como "a fidelidade à tradição e ao sinal dos tempos" (como consciência de que a liturgia, celebrando o encontro entre o humano e o divino, deve salvaguardar tanto a intangibilidade

---

6. Cf. LECTOR, *Il Vaticano II e la liturgia*, RPL 2 (1964), 19-21.

do mistério, quanto os meios para sua encarnação no tempo), "a unidade na multiplicidade de formas" (como consciência que a unidade da fé pode se exprimir conforme os usos e costumes próprios das várias culturas), a busca pelos *"altiora principia"* (como empenho em perceber e delinear os princípios fundamentais, válidos para todo tempo e lugar, deixando às comissões pós-conciliares a tarefa da atuação prática destes).

Na liturgia se manifesta o rosto da Igreja, "sacramento de unidade"

A partir da natureza comunitária e hierárquica da liturgia, deriva uma imagem de assembleia como corpo místico de Cristo, povo sacerdotal estruturado no serviço, de modo que o maior é aquele que serve. Quando todo o povo de Deus se reúne inteiro na participação da santa liturgia, cada membro, conforme a própria tarefa particular e conforme o próprio *múnus* ministerial, então aí se manifesta o rosto da Igreja, que é "sacramento de unidade".

> As ações litúrgicas não são ações privadas, mas celebrações da igreja, que é "sacramento de unidade", isto é, povo santo reunido e ordenado sob a direção dos bispos. Por isso, tais ações pertencem a todo o corpo da igreja, manifestam-no, atingindo, porém, cada um dos membros de modo diverso, segundo a variedade de estados, funções e participação ativa [...]. Também os que servem ao altar, os leitores, comentadores e os membros da *schola cantorum* desempenham também um autêntico ministério litúrgico (SC 26-32).

"Palavra de Deus" e "Língua vernácula"

A partir da natureza didática e pastoral da liturgia emergem algumas indicações decididamente "novas" e destinadas a assumir uma importância relevante na fase da atuação da reforma:

- uma renovada atenção à Palavra de Deus: "Seja mais abundante, variada e bem adaptada a leitura da Sagrada Escritura nas celebrações litúrgicas" (SC 35);
- a exigência, portanto, de um rito que se desenvolva na simplicidade e na compreensibilidade, e de uma catequese marcada pela liturgia e pela Palavra de Deus (SC 33-34);

- a abertura à língua vernácula, lado a lado com o latim, que é ainda reconhecido como a língua oficial e comum da igreja romana (SC 36).

"Unidade de adaptação" na liturgia

Como já foi dito, o Vaticano II rompe um longo período de congelamento e uniformidade ritual. "Unidade" e "adaptação" são características igualmente irrenunciáveis para a Igreja e para sua ação litúrgica:

> Não é desejo da Igreja impor, nem mesmo na liturgia, a não ser quando está em causa a fé e o bem de toda a comunidade, uma forma única e rígida, mas respeitar e procurar desenvolver as qualidades e dotes de espírito das várias raças e povos [...]. Mantendo-se substancialmente a unidade do rito romano, dê-se possibilidade às legítimas diversidades e adaptações aos vários grupos étnicos, regiões e povos, sobretudo nas missões, de se afirmarem, até na revisão dos livros litúrgicos; tenha-se isto oportunamente diante dos olhos ao estruturar os ritos e ao preparar as rubricas (SC 37-38).

O capítulo VI da Constituição conciliar e a Instrução *Musicam Sacram*

O conhecimento destes princípios gerais é premissa indispensável que permite adentrar de modo mais adequado no pensamento dos padres conciliares sobre a "música sacra", a quem é dedicado o capítulo VI da Constituição. O artigo de introdução, o n. 112, contém os dados fundamentais de toda a reflexão:

- "o canto sacro, unido às palavras [...], *parte necessária e integrante da liturgia* solene";
- "a *tarefa ministerial* ("múnus" ministerial) da música sacra no serviço divino";
- "a música sacra será [...] tanto mais santa quanto mais *intimamente estiver unida à ação litúrgica*" (portanto, não "autonomia", mas "funcionalidade");
- "o fim da música sacra, que é *a glória de Deus* e a santificação dos fiéis".

A MÚSICA LITÚRGICA NA HISTÓRIA

O fim da música sacra está expresso nos termos próprios da tradição, mas se enriquece de novas fronteiras já buscadas pela ação de reforma de Pio X e então definidas à luz do sentir moderno (como o conceito de música como parte necessária e integrante da liturgia — sua tarefa ministerial — e íntimo liame com as funções rituais).

Todo o capítulo VI resulta do encontro de duas tendências-exigências presentes no debate conciliar: uma que era a de se referir, conservar e manter viva a tradição; e a outra que era a do se abrir às novas exigências celebrativas, principalmente no âmbito pastoral. Particularmente:

- ao definir *as qualidades da verdadeira música sacra* (que deve ser *santa* e *verdadeira arte*) o enfoque muda, passando da dimensão musical (como pesquisa no campo formal de características objetivas e universais) para aquela mais estritamente litúrgica: é a capacidade de aderir aos gestos e às funções rituais a característica imprescindível para uma autêntica música litúrgica;

- (113) a *solenidade* da ação litúrgica é dada certamente pelo papel do canto, mas também pela efetiva participação ativa do povo;

- (114) *o repertório*: convida-se à conservação do patrimônio histórico da música sacra, mas também ao seu incremento. As *Scholae cantorum* devem ser promovidas com empenho, e, ao mesmo tempo, a participação da assembleia deve ser cuidada com toda diligência;

- (116-119) *os gêneros*: de um lado se reconhece o canto gregoriano como canto próprio da liturgia romana; mas todos os gêneros, e especialmente a polifonia, podem encontrar seu lugar "desde que correspondam ao espírito da ação litúrgica" (SC 116). Além disso, deve ser promovido o canto popular religioso e, principalmente em terras de missão, a música tradicional dos vários povos;

- (115) *a formação*: grande importância, e em diversos níveis, deve assumir a atividade de formação musical e litúrgica;

- (120) *os instrumentos*: se reconhece na igreja latina a primazia ao órgão de tubos; outros instrumentos são admitidos com a permissão da autoridade competente "desde que sejam adequados ao uso sacro ou que se possam adequar, sejam convenientes à dignidade do templo e favoreçam realmente a edificação dos fiéis";

- (121) *os compositores*: uma última reflexão se reserva à vocação de todos aqueles que "são chamados a cultivar a música sacra e a acrescer seu patrimônio". Eles "componham melodias que tenham as características da verdadeira música sacra; que possam ser cantadas não apenas pelas maiores *Scholae cantorum*, mas que sejam adequados também para as *Scholae* menores, e favoreçam a participação ativa de toda a assembleia dos fiéis".

Os textos devem ser tomados preferencialmente da *Sagrada Escritura* ou das fontes litúrgicas.

O *Consilium* instituído "ad exsequendam Constitutionem de sacra liturgia" iniciou concretamente o trabalho de reforma para o que dizia respeito aos ritos e aos textos no dia 7 de março de 1965, guiado pela Instrução *Inter Oecumenici*[7], na qual, porém, não se tratava ainda explicitamente da música sacra.

O problema da música dará vida a um longo e trabalhoso debate, animado ainda por tendências diferentes e polêmicas entre si, e que somente depois de cerca de dois anos chegará ao texto definitivo da Instrução *Musicam Sacram* sobre a música na sacra liturgia[8] (5 de março de 1967). O texto, de caráter não unitário, está de todos os modos marcado pelo espírito e pelos princípios da Constituição conciliar e está totalmente perpassado por uma profunda intenção pastoral. Junto com as *Normas*[9] indicadas por ocasião da publicação dos novos livros litúrgicos, ela constitui ainda hoje o principal ponto de referência para todos aqueles que são chamados ao mistério do canto na liturgia.

---

7. Cf. SACRA CONGREGAÇÃO DOS RITOS, Instrução *Inter Oecumenici*, in: EV II, 211-309.
8. Cf. SACRA CONGREGAÇÃO DOS RITOS, Instrução *Musicam Sacram* sobre a música na sacra liturgia, in: EV II, 967-1035. Eis o esquema: Proêmio. I. Algumas normas gerais. II. Os participantes das celebrações litúrgicas. III. O canto na celebração da missa. IV. O canto do Ofício divino. V. A música sacra na celebração dos sacramentos e dos sacramentais, particularmente as ações sacras do ano litúrgico, nas sacras celebrações da palavra de Deus e nos sacros e piedosos exercícios. VI. Qual língua usar nas celebrações litúrgicas celebradas com o canto, e como conservar o patrimônio de música sacra. VII. A preparação das melodias para os textos na língua vernácula. VIII. A música sacra instrumental. IX. As comissões de música sacra.
9. Cf. principalmente a SACRA CONGREGAÇÃO PARA O CULTO DIVINO, *Princípios e normas para o uso do Missal Romano* (PNMR), in: EV III, 2017-2414 e SACRA CONGREGAÇÃO PARA O CULTO DIVINO, *Princípios e normas para a Liturgia das Horas* (PNLH), in: EV IV, 132-424.

Dos documentos à práxis. A renovação da liturgia na segunda metade do século XX

A práxis celebrativa pós-conciliar vive em si mesma antinomias que foram evidenciadas nos debates e nos documentos. Essa pluralidade de pensamento e de estilo celebrativo está testemunhada pelo surgir de novos movimentos e associações que não se reconhecem mais ou não se reconhecem totalmente no movimento ceciliano, com o qual entram frequentemente em aberta e forte polêmica. Entre eles deve ser lembrado a *Universa Laus*, surgida em 1966 na cidade de Lugano (Suíça) como "grupo internacional de estudo para a renovação musical litúrgica".

Na origem desse pluralismo de pensamento e de escolhas celebrativas estão duas exigências igualmente profundas. De um lado a atenção dada ao Mistério, à sua intangibilidade, integridade e beleza; do outro, a urgência de sua encarnação no tempo e a busca-abertura por meios e soluções novas. O espírito da Constituição conciliar vive de ambos aspectos, ou seja, vive do elemento divino assim como vive do humano, vive do encontro do elemento divino com o humano que se celebra em Cristo. Crê-se que muitos mal-entendidos, muitas defesas e polêmicas tenham nascido de boa-fé tanto de uma parte quanto da outra, enquanto enfoque e exaltação de apenas uma dessas exigências. Mas é na escuta de ambos que um canto autenticamente cristão, tanto divino quanto humano, pode ter vida. Vejamos alguns casos concretos: entre todos, os problemas da "língua" e da "participação ativa":

- **"A língua"** — É como se um rio, há séculos represado, tivesse rompido seus diques e tivesse buscado incontrolavelmente o caminho para o mar. Língua latina e língua vernácula deveriam responder a duas diferentes exigências, uma num contexto celebrativo voltado a um sinal de unidade e universalidade, no tempo e no espaço; a outra, num contexto celebrativo descido no viver concreto cotidiano. De fato, foram e ainda são vistas em antítese e se tornam objeto de escolhas exclusivas que reciprocamente se negam.

Além disso, com o ingresso da língua vernácula no rito tornou-se urgente a exigência de um novo e adequado repertório. Infelizmente, os novos cantos em língua vernácula, com exceção de poucos casos, não surgiram no pleno espírito da reforma, e isso nem no âmbito das letras e nem naquele da funcionalidade.

Os textos raramente são tomados das fontes litúrgicas e/ou da Sagrada Escritura e são, em sua maioria, de livre inspiração, muitas vezes pobres ou, na tentativa de cantar as exigências do tempo presente, genéricos ou até mesmo no limite da heresia; e ainda: textos e melodias inventados a partir do repertório *pop*.

Nem mesmo a adesão aos gestos e às funções rituais parece conduzir o nascimento do novo repertório, constituído quando muito de cantos em forma de canção (estrofe com refrão) ou em forma de hino.

- "**A participação ativa**" — O tema da participação ativa foi outro aspecto vivenciado em termos equívocos. Ali onde se percebeu o fundamento da participação ativa dos fiéis na participação de todos no sacerdócio de Cristo, correu-se o risco de recair num ativismo vazio, num "fazer de tudo um pouco". De fato, a dimensão dialógica (saudações, recitações, diálogos, aclamações) não encontrou ainda sua prioridade na realização em canto como exigia *Musicam Sacram* (cf. MS 27-36).

Outros dois aspectos estão diretamente coligados ao princípio de participação ativa, o de "solenidade" e o de "ministros do canto".

A "solenidade" requer com certeza o canto, mas está também em relação, e principalmente, com a integridade da ação litúrgica, ou seja, com a execução de todas suas partes (MS 11) e com o grau de participação da assembleia (MS 7 e MS 16).

Mas o próprio conceito de assembleia como povo sacerdotal, corpo místico de Cristo e animado por variedade e riqueza de carismas e papéis ministeriais, foi interpretado e realizado frequentemente de maneira equivocada. Em relação ao canto, há igrejas onde canta apenas o povo (erroneamente identificado com assembleia!)[10] com exclusão da *schola* e de outros papéis ministeriais, e há outras igrejas onde canta apenas a *schola* ou o pequeno coral ou, nos anos 1970, o conjunto *pop*[11].

---

10. A assembleia litúrgica é todo o corpo místico, formado por Cristo, que é sua cabeça, estruturado hierarquicamente no serviço, com vários ministros e o povo. A identificação "povo = assembleia" está errada, já que não permite perceber a unidade dinâmica da única assembleia, povo sacerdotal.
11. Além disso, nos anos 1960 e 1970 se desenvolve um filão de música juvenil, ligado muitas vezes à experiência de movimentos e/ou centros cristãos de espiritualidade (por exemplo, *Pro Civitate*, em Assis), que, movido pela exigência de falar a linguagem do próprio tempo, conduzirá às assim chamadas "missas *pop*" (nesse caso, é típica a formação de um conjunto com quatro instrumentos: guitarra, baixo, piano eletrônico e bateria). [No Brasil, esse fenômeno conheceu uma dinâmica mais dura-

A MÚSICA LITÚRGICA NA HISTÓRIA

Assim, também *povo* e *schola* se tornaram, com frequência, paradoxalmente termos antitéticos, escolha extremada e exclusiva entre dois modos opostos de sentir e conceber a celebração. Essa pluralidade de sentir-conceber e viver a celebração (ainda que com limites e excessos já acenados) caracterizou vivamente o primeiro período pós-conciliar. Nos últimos decênios do século XX, o debate perdeu vigor a ponto de se fechar frequentemente em caminhos paralelos e refratários ao diálogo, correndo o risco de se viver uma situação de estagnação.

Contudo, parece se perceber, na aurora do terceiro milênio, um fervor renovado, uma renovada necessidade e, principalmente, uma renovada e profunda exigência de caminhar juntos e de fundamentar nosso canto sobre aquilo que é realmente importante, sobre o mistério de nossa salvação que se realiza em Cristo: é necessário não deixar de cantar o homem (com seu hoje, em seu *hic et nunc*) e, ao mesmo tempo, cantar Deus (um canto que é... *já e não ainda*). Olhar para o Crucificado e renunciar a si próprios e a nossas batalhas pessoais, aceitando que o canto seja a voz do grito do homem de hoje, e, ao mesmo tempo, olhar para a Trindade e reconhecer que somos chamados desde sempre e nos séculos àquele canto eterno e universal. Isolar e acentuar apenas um destes aspectos significa recair na antinomia de que a história é testemunha; querer abraçar com nossos limites humanos estas ambas exigências significa buscar viver o ministério do canto inseridos no sacerdócio de Cristo, significa cantar o encontro de salvação entre o homem e Deus que se celebra no Cristo. Significa conceber a ação litúrgica e o canto litúrgico intimamente ligados à vida. À vida cotidiana de cada ser humano, com todas suas urgências e perguntas, à vida eterna a que todos somos chamados, num único canto de amor.

---

doura. Mesmo hoje é possível encontrar esse tipo de situação em muitas igrejas, em que o uso desses instrumentos mencionados pelo autor ainda ocorre. (N. da T.)]

Segunda parte

O CANTO E A MÚSICA COMO AÇÃO SIMBÓLICA

"Cantai ao Senhor um canto novo...
Cuida para que tua vida
não testemunhe contra tua voz.
Cantai com a voz,
cantai com o coração;
cantai com a boca,
cantai com a vossa conduta santa".

(Santo Agostinho de Hipona)

1
Celebrar com o canto e com a música

"Todo homem é feito de estrelas e de areia, de céu e de argila, de água e de fogo. O país onde mora, o tempo em que vive, o temperamento que possui, a profissão que exercita o predispõem mais ou menos a contar com as estrelas ou com os grãos de areia, a perscrutar o céu ou a amassar a argila, a dominar os oceanos e a domar o fogo, mas ambas as coisas estão presentes nele. Hoje, o que há em comum entre um habitante da Amazônia, que vive ainda num mundo quase primitivo, e um técnico de um país ocidental? Aparentemente nada! Contudo, seus desejos são os mesmos. Um trabalha com um martelo de pedra, o outro com um computador, mas todo homem é um *homo faber* que quer produzir. O primeiro aprende os segredos da vida observando a natureza, o segundo estudando na universidade, mas todo homem é um *homo sapiens* que almeja o conhecimento. Alguém dança ao som de uma flauta de bambu, outro ao som da música dos alto-falantes, mas todo homem é um *homo ludens*, que quer se divertir. O primeiro vai festejar convidado pelo som do tam-tam, o segundo por um convite, mas todo homem é um *homo celebrans*, que deseja celebrar."[1]

O desejo de celebrar pertence a todo ser humano.

Muitas vezes a vida traz preocupações e fadigas e o homem deseja romper com esse cotidiano para retornar ao que considera essencial (família, amigos, liberdade, felicidade... fé). Festejar, celebrar, significa romper com o cotidiano para retornar àquilo que realmente conta e a isso reservar e conceder tempo.

---
1. DUCHESNEAU, C., *Celebrare*, in: GELINEAU, J. e LODI, E. (orgs.), *Assemblea Santa. Manuale di liturgia pastorale*, Bologna, 1991, 60.

O CANTO E A MÚSICA COMO AÇÃO SIMBÓLICA

Também o cristão festeja e celebra. Ele festeja porque Deus, "'tendo falado outrora muitas vezes e de muitos modos aos nossos pais pelos profetas' [...] quando chegou a plenitude dos tempos, enviou seu filho, verbo feito carne, ungido pelo Espírito Santo [...]. A sua humanidade, na unidade da pessoa do Verbo, foi instrumento de nossa salvação. De modo que em Cristo 'se realizou plenamente a nossa reconciliação e nos foi dada a plenitude do culto divino'. Esta obra da redenção dos homens e da glorificação perfeita de Deus, prefigurada pelas suas grandes obras no povo da Antiga Aliança, realizou-a Cristo Senhor, principalmente pelo mistério pascal da sua bem-aventurada paixão, ressurreição dos mortos e gloriosa ascensão, em que 'morrendo destruiu a nossa morte e ressurgindo restaurou a nossa vida'"[2].

O cristão celebra e faz festa para fazer memória dos eventos de sua salvação que se realizaram em Cristo Jesus, e fazendo memória não se detém diante da simples recordação de ventos passados, mas os revive, por meio de sinais, na expectativa de sua futura realização. A liturgia é o lugar privilegiado da celebração e atualização dos eventos de salvação. Ela é a celebração e a festa por excelência do cristão, é "o exercício da função sacerdotal de Jesus Cristo mediante o qual, com sinais sensíveis, é significada e, cada um à sua maneira, realizada a santificação do homem"[3].

A linguagem dos sinais é a linguagem da liturgia. Ela é tão preciosa quanto delicada e não poderia ser de outro modo, pois é a linguagem do amor. De fato, como entre as pessoas humanas o amor se comunica por meio de sinais acompanhados por poucas palavras, assim ocorre na liturgia, diálogo de amor entre Deus e sua Igreja.

Na liturgia, pessoas, objetos, ornamentos, alfaias e gestos não são simplesmente realidades funcionais e decorativas; eles são símbolos, isto é, são sinais que conduzem ao encontro com Deus. Os sinais litúrgicos não se contentam em dar informações, mas conduzem o cristão para além do sentido e do sentimento, colocando-o em contato com Deus.

Entre estes sinais, música e canto assumem um lugar privilegiado na liturgia, antes, são parte dela, "necessária e integral"[4].

Por que cantar na liturgia? Por que a música e o canto começaram a fazer parte necessária e integrante da liturgia cristã? Por que se pede aos

---
2. SC 5, in: EV I, 6-7.
3. SC 7, in: EV I, 11.
4. SC 112, in: EV I, 201.

cristãos que celebrem cantando? O que fazer e como fazer para que este gesto seja verdadeiro, bem feito, correspondente à natureza e às características da assembleia, às exigências do evento que se celebra e do momento ritual em que esse gesto se coloca?

Nesta segunda parte de nosso trabalho buscaremos uma resposta.

2
O canto e a música como linguagem simbólica

Em primeiro lugar é necessário compreender os significados fundamentais do canto e da música e, em segundo lugar, como eles poderão entrar a serviço da celebração litúrgica, convictos de que as funções da música e do canto no culto não sejam leis rituais e abstratas impostas a partir do exterior a essas realidades, mas que, pelo contrário, provêm da própria natureza da música e das formas do canto. "O rito não obriga as formas do canto a funções estranhas a este, mas as usa, conforme as próprias funções, como sinais."[1]

O canto e a música: linguagem do ser humano para se comunicar com Deus

Perguntar-se o porquê de cantar na liturgia significa, antes de tudo, perguntar-se por que em geral se canta, isto é, quais seriam os significados fundamentais do canto.

- Em primeiro lugar, o canto é *expressão de sentimentos*.

A ação de cantar está profundamente enraizada no corpo e, portanto, na pessoa.

Cantar é um gesto e, como todo gesto, também ele exprime e significa, isto é, fala do que se passa dentro da pessoa e o torna perceptível para os outros, seja naquilo que se canta, seja no modo em que se canta.

---

1. STEFANI, G., *Il canto*, in: VV. AA., *Nelle vostre assemblee. Teologia pastorale delle celebrazioni liturgiche*, I, Brescia, 1975, 280.

O CANTO E A MÚSICA COMO AÇÃO SIMBÓLICA

Cantar é um sair de si mesmo. É um "revelar-se" para os outros e, por isso, é um gesto desafiador.

Os sentimentos podem ser expressados também pela palavra, é verdade, mas nas palavras muitas vezes o sentimento é filtrado no conceito, perdendo a intensidade: apenas no canto os sentimentos permanecem próximos ao "estado puro", somente no canto a expressão dos sentimentos se intensifica.

Também o cristão, quando celebra, exprime com o canto aquilo que crê, ou melhor, com o canto torna mais bonita, mais alegre e mais intensa a oração². E no momento em que, cantando, a pessoa revela a si própria, do mesmo modo a assembleia litúrgica, com a escolha de seu canto e modo de cantar, revela a si também, comunicando ao mundo a fé e a participação no mistério que celebra.

◉ O canto é também *expressão poética*.

Porque quando dizemos a coisa mais importante é "aquilo que falamos", isto é, a informação que queremos dar, o uso da linguagem possui normalmente uma finalidade prática para efeitos utilitários.

Em vez disso, observamos que o canto não possui um escopo utilitarista, não objetiva fornecer informações, encontra-se muito mais na esfera do gratuito, do desinteressado, do espontâneo, como é a poesia. E é justamente por esta característica que o canto faz parte integrante da celebração e da festa, porque se encontram na esfera do gratuito.

O caráter de espontaneidade e gratuidade inerente ao canto é sinal simbólico da gratuidade e espontaneidade da iniciativa de Deus, da reunião litúrgica, da súplica por graça, da ação de graças, em síntese: de todos os valores fundamentais da liturgia. De fato, na "ação litúrgica [...] celebrada no canto [...] o mistério da sagrada liturgia e sua natureza [...] são manifestados mais claramente"³.

◉ Além disso, o canto *faz a comunidade*.

Música e canto favorecem a unanimidade⁴ e tornam mais profunda a unidade dos corações⁵.

Cantar juntos é fonte de coesão e de unidade. Com efeito, cantando com os outros, cada um sai da própria solidão e fechamento, pois, re-

---

2. Cf. MS 5, in: EV II, 971.
3. MS 5, in: EV II, 971.
4. Cf. SC 112, in: EV I, 203.
5. Cf. MS 5, in: EV II, 971.

nunciando ao tom da própria voz e ao próprio ritmo, se adapta ao tom e ao ritmo comum chegando a ser "uma só voz" com os outros. Isso é sinal-símbolo que produz, reforça e, ao mesmo tempo, manifesta a unidade do grupo.

Na assembleia cristã o canto tem a tarefa de manifestar e, concomitantemente, criar a unidade entre os participantes tornando-os, a exemplo da primeira comunidade cristã, "um só coração e uma só alma".

- Finalmente, o canto *faz a festa*.

Cantar, tocar e dançar pertencem ao patrimônio da humanidade quando ela, por sua vez, pode viver a festa. A festa é um momento de liberdade e o canto serve para libertar e despertar os sentimentos mais vitais e profundos. É na direção da festa que todos os significados fundamentais do canto convergem, pois ela é o momento privilegiado em que homem e grupo tomam consciência de sua realidade profunda exprimindo-a mediante ações simbólicas livres e gratuitas.

Há aí, portanto, uma interação contínua entre o canto e a festa: o canto faz a festa e a festa vive do canto.

O canto e a música contribuem fortemente para o clima festivo da celebração cristã. Com o canto, de fato, o cristão manifesta a alegria de ter sido convocado para a festa de núpcias do filho do rei[6]; com o canto, alimentado pela Palavra, narra os eventos da salvação que fundamentam a festa cristã. E, assim como fizeram os judeus, depois de ter atravessado o mar Vermelho[7], assim o cristão canta sua libertação do mal e da morte e o futuro de vida que o espera. Com efeito, "a ação litúrgica celebrada por meio do canto [...] prefigura mais claramente a liturgia que tem lugar na Jerusalém celeste"[8]; a festa da liturgia terrena é ícone da liturgia celeste[9].

O canto e a música: um modo de ser e de celebrar

A reflexão sobre os significados fundamentais do canto e da música e o respeito pelas exigências que daí derivam são o primeiro passo para ga-

---

6. Cf. Mt 22,1-14.
7. Cf. Ex 15,2-21.
8. MS 5, in: EV II, 971.
9. Cf. SC 8, in: EV I, 13.

rantir ao canto e à música na liturgia a autenticidade de sinal. Em outras palavras, apenas se o canto e a música forem efetivamente uma expressão gratuita, comunitária e festiva de sentimentos, poderão se tornar sinais eficazes na liturgia, porque canto e música devem, antes de tudo, exprimir o ser humano.

Mas para que o canto e a música sejam sinais eficazes na liturgia, ocorre também que eles se encarnem num rito. De fato, seu sentido litúrgico é dado pela função que adquirem numa determinada situação ritual.

Na multiplicidade das situações rituais ocorrem alguns momentos típicos dentro dos quais a música e o canto adquirem uma função particular.

Antes de tudo, há em toda liturgia o momento do encontro, momento em que os fiéis cristãos se reúnem para formar a assembleia de Deus.

Nesse momento, as funções do canto e da música podem ser duas: fornecer aos fiéis um ambiente acolhedor, caloroso e não anônimo[10] e também, como primeira ação comunitária, iniciar a celebração favorecendo a união e introduzindo-a no mistério que está para ser celebrado[11].

O segundo momento, seja qual for a celebração, é sempre o da *escuta* da Palavra de Deus, cuja importância na liturgia é máxima[12].

Música e canto podem, nesse contexto, dar sustentação ao anúncio da Palavra. É sinal de festa, por exemplo, proclamar o Evangelho com o canto e é sinal de festa, além de respeito à densidade lírica do texto, cantar o salmo da liturgia da Palavra ou o hino pascal do *Exsultet* ou o prefácio da liturgia eucarística. Sob condição, porém, de que a música não prevaleça sobre a Palavra, mas se mantenha a serviço dela[13].

Música e canto podem favorecer também a meditação da Palavra proclamada na liturgia.

A densidade da mensagem recebida e sua importância para a vida dos seres humanos aos quais se destina, exigem que o anúncio seja continuado no comentário e na meditação: o primeiro assume normalmente a forma da homilia, a segunda, pelo contrário, pode encontrar uma van-

---

10. Isso seria possível usando, por exemplo, uma música de fundo, tocada (ou gravada).
11. Cf. PNMR 25, in: EV III, 2061. [Na terceira edição do Missal cf. n. 47. (N. da T.)]
12. Cf. SC 24, in: EV I, 40.
13. O modo mais conveniente para a proclamação em canto dos textos da Sagrada Escritura, parece ser o modo recitativo. Este é um particular modo verbo-melódico de proclamação da Palavra caracterizado por poucas notas e por um ritmo fluído, quase como uma fala.

tagem no canto. Com efeito, a melodia, embora possa ser simples, favorece a memorização. Frequentemente, recordar um fragmento musical faz renascer no espírito uma passagem de um texto. Assim, o canto dos textos retirados da Escritura — por exemplo, um salmo ou um cântico —, a salmodia do ofício e a retomada do responsório são meios eficazes para alimentar o espírito e o coração dos fiéis.

Mas as tradições litúrgicas cristãs oferecem também exemplos variados de desenvolvimentos musicais nascidos dos textos da Sagrada Escritura. Antífonas, hinos, sequências e cânticos nasceram do coração dos fiéis, principalmente para obter meios privilegiados para meditar a Palavra de Deus e para difundir sua mensagem durante a liturgia e, assim, na vida.

Assim, de muitos modos o canto litúrgico é o instrumento privilegiado para transmitir, repetir, aprofundar e prolongar a Palavra de Deus e, com isso, para continuar, na vida dos cristãos que dela se alimentaram por meio do canto, a ação da mensagem evangélica.

No momento da escuta da Palavra de Deus na liturgia, segue-se sempre um tempo em que se dá graças e se suplica, renovando a aliança do povo dos fiéis com o Deus de Jesus Cristo.

Se Deus atua no ser humano com a Palavra que ele lhe confia, se o ser humano se deixa interpelar, trabalhar e transformar por essa ação, é muito natural que reaja e responda com a oração, mesmo na forma de canto. De fato, "a meditação da Palavra de Deus — afirma Veuthey — conduz o ser humano a uma tomada de consciência da sua debilidade e o incita a pedir a ajuda de Deus na expectativa de sua graça e misericórdia. Faz-lhe reconhecer também a obra de Deus, a sua 'glória', isto é, a irradiação de sua bondade infinita, sua ação na criação em geral, na história da salvação e em todo fiel que nele confia. Essa descoberta, que se renova continuamente e não se exaure nunca, gera no ser humano uma atitude de reconhecimento; fecunda sua capacidade de maravilhar-se e o conduz à ação de graças e ao louvor. É assim que o canto brota do coração do homem, expressão de um impulso interior tal que as palavras da linguagem ordinária não bastariam para traduzir toda sua densidade e todo seu lirismo"[14].

Finalmente, há ainda um quarto momento em toda celebração litúrgica: o da despedida. Não é simplesmente o momento final da ce-

---

14. VEUTHEY, M., *Celebrare con il canto e la musica*, in: GELINEAU, J. e LODI, E. (orgs.), *Assemblea santa*, 1991, 147.

lebração, mas um gesto fraterno que obriga à missão pelas estradas do mundo. A cada um, alimentado pela Palavra e reforçado pelo encontro salvífico com o Cristo, é confiado a tarefa de preparar, no mundo, os caminhos do Senhor. Cantar aqui é sinal de alegria, explosão de sentimentos, incitação à tomada de responsabilidade. Música, vozes, instrumentos, festa e dança são meios particularmente adequados para favorecer a passagem do rito para o viver quotidiano.

Descreveu-se, de modo sucinto, o aporte específico que música e canto podem trazer ao ato de celebrar.

É muito importante ter consciência da função ritual específica do canto e da música pois isso permite fazer boas escolhas quando houver a necessidade de se elaborar o programa musical para uma celebração: mais um canto está intimamente ligado ao rito, menos liberdade deixa à fantasia, pois este diz respeito a um elemento constitutivo da celebração. Recorda-o também *Musicam Sacram*: "a autêntica ordem da celebração litúrgica [...] requer [...] que seja respeitado o sentido e a natureza própria de cada uma de suas partes e de cada canto. Por isso é particularmente necessário que as partes, que por si só requerem o canto, sejam de fato cantadas, usando, contudo, o gênero e a forma que sua natureza exige"[15].

---

15. MS 6, in: EV II, 972.

Terceira parte

O CANTO E A MÚSICA COMO CELEBRAÇÃO

"Deus pede para ser louvado por nós
e o faz não para si, mas para nós...
Propõe seus louvores para que sejamos capazes de,
ao nos aproximarmos dele, conhecê-lo;
conhecendo-o, amá-lo;
amando-o, segui-lo;
seguindo-o, alcançá-lo e
alcançando-o, gozar de sua visão".

(B. Rossetti)

1
Participação e papéis na liturgia

"As ações litúrgicas são celebrações da Igreja, isto é, do povo santo reunido e ordenado sob a guia do bispo ou do sacerdote."[1] Quem celebra a liturgia é toda a comunidade cristã, a igreja dos fiéis, a comunidade daqueles que, batizados em Cristo e confirmados no Espírito, se tornaram participantes do sacerdócio de Cristo.

É na assembleia cristã, reunida em nome de Cristo, congregada e ordenada pelo próprio pastor, que se torna visível a Igreja, corpo de Cristo, e como no corpo há muitos membros, também nela há pluralidade de ministérios e serviços e cada um deles possui um papel particular que desempenha a serviço de todos[2].

Esta assembleia cristã, ao mesmo tempo una e multiforme, é o primeiro e principal sujeito celebrante, é, unida ao Cristo, a verdadeira protagonista da celebração.

Agora nos deteremos na consideração da participação na liturgia mediante o canto e a música por parte dos protagonistas da celebração e por parte de quem, neste setor em particular, assume dentro da comunidade alguns papéis específicos.

Em seguida promoveremos uma reflexão acerca dos critérios de escolha dos textos dos cantos e o uso dos instrumentos musicais na liturgia.

---

1. MS 13, in: EV II, 979. Cf. SC 26 e 41-42, in: EV I, 42 2 72-75.
2. Cf. SC 26, in: EV I, 43.

2

A assembleia

Já foi observado que a assembleia é o sujeito principal da celebração litúrgica. Para ela deseja-se a "plena, consciente e ativa participação [...] exigida pela própria natureza da liturgia"[1]. Essa participação é um direito e um dever de todos os cristãos por força do batismo.

Essa exigência feita à assembleia é, antes de tudo, uma participação interna. É por ela que "os fiéis conformam suas mentes às palavras que pronunciam ou escutam, e cooperam com a graça divina"[2].

A interioridade e o silêncio

A interioridade é condição fundamental para a acolhida do agir divino na comunidade que celebra. Mediante a interioridade é possível ter a disposição para a escuta da ressonância da Palavra e do Espírito que sopra. É no silêncio da interioridade que se adere com o coração e a mente àquilo que na liturgia é comunicado e é justamente desse silêncio que nasce a resposta, também na forma de canto, daquilo que se escutou.

Por isso, também o silêncio encontra seu lugar na participação ativa e plena na liturgia. Por meio dele "os fiéis não são conduzidos a participar na ação litúrgica como espectadores mudos e estranhos, mas se inserem mais intimamente no mistério que se celebra, em decorrência das disposições interiores que derivam da Palavra que se escuta, dos cantos e das orações que se pronunciam e da união espiritual com o sacerdote, que profere as partes que a ele dizem respeito"[3]. O silêncio litúrgico não

---
1. MS 15, in: EV II, 981. Cf. SC 14, in: EV I, 23.
2. Idem, cf. SC 11, in: EV II, 983.
3. MS 17, in: EV II, 983.

é vazio, não é desencargo, mas lugar de recolher emoções e vibrações, laboratório de surpresas, lugar de comunhão profunda e comunicação intensa. Sua presença no contexto litúrgico é testemunho de maturidade celebrativa e sua "qualidade" é indicativo da "temperatura espiritual" presente na assembleia.

Por esse motivo, o silêncio é um componente participativo primário e determinante, antes, se poderia dizer que, assim como o canto, também ele é parte "necessária e integrante" da liturgia.

O canto da assembleia

A participação da assembleia à celebração litúrgica deve ser também externa. Assim, os fiéis "manifestam a participação interna por meio dos gestos e da atitude do corpo, das aclamações, das respostas e do canto"[4]. "Não há nada de mais solene e festivo nas sagradas celebrações de uma assembleia que, em sua totalidade, exprime com o canto sua piedade e sua fé. Portanto, a participação ativa de todo o povo, que se manifesta com o canto, seja promovida com toda a atenção."[5] O Missal romano prossegue afirmando que o canto é um dos meios para se participar ativamente na celebração litúrgica, pois "o canto é sinal da alegria do coração (cf. At 2,46). Por isso, diz muito bem Santo Agostinho: 'cantar é próprio de quem ama'[6], e, desde a antiguidade, formulou-se o ditado: 'Quem canta bem, reza duas vezes'"[7].

Quando o memorial da Páscoa do Senhor é celebrado eclesialmente, apenas a participação interna não basta. É necessário exprimir com o corpo aquilo que "transparece da alma" e quanto mais profundas forem as convicções e as emoções, mais vibram as fibras do ser, liberando uma irreprimível carga de "alta tensão"[8].

Atitudes do corpo, gestos, respostas, aclamações e canto manifestam e, ao mesmo tempo, se tornam "a alma" da própria assembleia. De fato, "a assembleia, e cada componente dela, 'são feitos' também da-

---

4. MS 15, in: EV II, 981. Cf. SC 30, in: EV I, 49.
5. MS 16, in: EV II, 982.
6. SANTO AGOSTINHO, *Sermo 336,1*, in: PL 38,1472.
7. PNMR 19. [Na terceira edição do Missal cf. n. 39. (N. da T.)]
8. Cf. RAINOLDI, F., *Per cantare la nostra fede. L'istruzione "Musicam sacram": memoria e verifica nel 25º di promulgazione*, Leumann (TO), 1993, 46.

quilo que 'fazem'. É uma grande lei que preside a dinâmica da ritualidade em geral, e da sacramentalidade cristã em particular"[9].

Entre as formas de presença e de envolvimento participativo na liturgia, a da música e do canto é certamente a mais ativa e desafiadora. Canto e música contam entre as ações da assembleia trazendo uma dimensão de gratuidade de festa, ou então, encarnando funções de interiorização ou de concentração sobre o sentido do rito. O canto da assembleia é o verdadeiro elemento de solenidade da ação litúrgica[10], é expressão da unidade do crer e do amar, é o elemento principal para julgar a qualidade de uma celebração litúrgica e o "termômetro" do grau de participação da própria assembleia.

A assembleia deveria participar em primeira pessoa:

- do canto de entrada;
- do *Kyrie* (aclamação);
- dos vários diálogos com o presidente;
- das respostas no anúncio e na conclusão da leitura da Palavra de Deus;
- do salmo responsorial;
- das orações;
- das ladainhas;
- do Aleluia (aclamação);
- do Santo;
- do pai-nosso;
- do canto da fração do pão (*Agnus Dei*);
- do canto de comunhão;
- do hino de ação de graças;
- À assembleia compete também intervir em outros ritos ou ações, como o ato penitencial, o Glória, e a profissão de fé.

Finalmente um *slogan*: "Não se canta *na* missa, mas se canta *a* missa!".

---

9. Idem.
10. Cf. MS 16, in: EV II, 982.

3
O presidente da liturgia

Se o sujeito primeiro da celebração litúrgica é a assembleia reunida em nome de Cristo, não deve ser esquecido que nela "possuem um lugar particular, em virtude da sagrada ordem recebida, o sacerdote e seus ministros"[1].

O ministro sagrado, seja ele bispo, sacerdote ou diácono, preside a assembleia litúrgica em nome de Cristo, cabeça e pastor da Igreja. Sua função principal é "fazer os fiéis sentirem a presença viva de Cristo"[2]. Ele, assim como o Cristo, proclama a Palavra e anuncia o Evangelho; é o orante e o mestre de oração, é o cantor dos louvores e das invocações ao Pai, é aquele que, em meio aos irmãos, serve os irmãos. Ele, por esse motivo, age ao mesmo tempo "in persona Christi", "in persona Ecclesiae" e como irmão entre irmãos.

Sendo o primeiro responsável da celebração, o serviço de quem preside exige também um verdadeiro e próprio conhecimento do projeto ritual da Igreja e a madura persuasão de que todo seu comportamento, seja ele qual for, na liturgia é sempre significativo de algo e nunca é neutro: seus movimentos, seus gestos e, principalmente, suas palavras, dirigidas a Deus em nome da assembleia e à própria assembleia, possuem um grande peso e uma grande importância na celebração.

Quem preside também canta

Também o presidente da assembleia participa com o canto na celebração das maravilhas de Deus. É bom que ele cante com a assembleia[3], pois é

---
1. MS 13, in: EV II, 979.
2. PNMR 60 in: EV III, 2109. [Na terceira edição do Missal cf. n. 93. (N. da T.)]
3. Cf. MS 26, in: EV II, 992.

parte da assembleia, mas também sem a assembleia em algumas partes que lhe são próprias. De fato, o canto das saudações à assembleia e dos diálogos com ela, o canto das orações e das grandes orações de bênçãos ou consagração, dentre as quais se destaca a oração eucarística, tornam a liturgia mais intensa e solene.

A este propósito, porém, há algumas orientações que é necessário levar em conta:

- antes de tudo, é necessário que quem preside seja efetivamente capaz de cantar o que deseja cantar, sem que isto, por outro lado, signifique escolher o que é mais fácil e mais cômodo[4];
- no caso em que haja a possibilidade de o presidente cantar as partes que lhe dizem respeito, é necessário que ele procure efetuá-las com seriedade, sem reduzi-las à insignificância, ou executá-la de modo teatral e por exibicionismo;
- finalmente, "deve levar em consideração a diversidade cultural de cada comunidade e do caráter particular da celebração, de modo que nem sempre é oportuno cantar todos os textos em que é possível o canto"[5]. A assembleia litúrgica concreta é a medida do cantar isto ou aquilo. As intervenções em forma de canto do presidente deverão considerar a "tipologia" da assembleia que lhe está diante e o caráter de festividade inerente à celebração[6].

---

4. "No caso em que [...] o sacerdote ou o ministro não seja capaz de executar convenientemente as partes do canto, este poderá recitar em voz alta, declamando, um ou outra das partes mais difíceis que a ele esperam. Mas isso não deve favorecer apenas a comodidade do sacerdote ou do ministro": MS 8, in: EV II, 974.
5. Conferenza Episcopale Italiana, *Messale romano*, Città del Vaticano, ²1983, 1054.
6. O canto das partes presidenciais será, por exemplo, mais adequado para as grandes assembleias e nos dias de grande festa, desde que a assembleia esteja preparada para responder.

4
O animador musical

Talvez este seja um dos personagens menos conhecidos de nossas assembleias, já que na maioria das vezes é inexistente. No entanto sua presença, objetivando uma ação litúrgica correta e linear, celebrada com canto e música, é fundamental.

Verdadeiro e próprio ministério litúrgico

O Missal romano afirma que a tarefa do animador musical é "dirigir os diversos cantos, com a devida participação do povo"[1].

Sua ação é um verdadeiro e próprio ministério litúrgico. Sua presença, seu apoio e seus gestos precisos, convidativos e tranquilizadores, deixam a assembleia à vontade, que reza cantando.

Ocupa um lugar visível, mas diferente do ambão, que deve ser reservado exclusivamente para a Palavra de Deus.

Animar celebrando

Em primeiro lugar, ajuda lembrar que o animador musical é certamente um dos ministros da assembleia, que está a serviço para o aspecto tanto do canto quanto da música, mas é antes de tudo, e sobretudo, um fiel chamado a celebrar plenamente o ato de prestar serviço. O fato de "animar" não pode distrair do celebrar. O animador não é um "funcionário", mas um ministro que celebra com todo o povo de Deus. E isso é o essencial.

---

1. PNMR 64. [Na terceira edição do Missal cf. n. 104. (N. da T.)]

O CANTO E A MÚSICA COMO CELEBRAÇÃO

Ao coordenar o conjunto para uma harmoniosa celebração com canto, em geral ele deve cumprir três passos:

- preparar um programa de cantos antes da celebração, torná-lo seu, para depois ensiná-lo à assembleia, dirigindo os ensaios;
- para a celebração: introduzir os cantos[2] e dirigir[3] a assembleia durante o canto, convidar e encorajar o canto, coordenar o conjunto das intervenções sonoras;
- depois da celebração, fazer uma verificação e um exame crítico sobre o desenvolvimento dela, particularmente sobre o que diz respeito à música e ao canto, para melhorar a programação sucessiva.

A formação do animador

Assim como para todos os outros ministérios litúrgicos, também para este ocorre certa vocação, qualidades humanas particulares, qualidades espirituais e uma formação litúrgica adequada. Não é possível improvisar animadores musicais. Ele, animador, é uma figura "especial", justamente pela posição-chave que possui. Portanto, é claro que é necessária uma formação para esse serviço específico.

Não é suficiente o puro e simples talento musical para justificar a entrada de fato de um animador no canto na liturgia; dele se exige uma atitude de fé no mistério de Cristo, sempre no centro de toda celebração litúrgica, um sentido de serviço ao qual é chamado, que o torne ao mesmo tempo eficiente e comedido, presente mas nunca em primeiro plano e, par-

---

2. É necessário que, durante a celebração, a assembleia possa participar com o canto de forma plena (para isso, ajuda recordar onde se encontram as palavras do canto e como ele se articula), e que ela seja ajudada a entrar no espírito da parte cantada, conforme o momento ritual, o sentido da letra e o caráter da música.
3. Trata-se de acompanhar de perto a assembleia que canta fazendo o mínimo necessário, sem intervir de modo canhestro e inoportuno, garantindo, porém, uma presença discreta e eficaz. Deve-se levar em consideração também que a direção de uma assembleia que canta é algo substancialmente diferente da direção de um coro ou de uma orquestra. De fato, quem canta é uma assembleia, e não um grupo de profissionais; o motivo pelo qual se canta não é a execução de um concerto, mas a oração comum. Consequentemente, aquele que a dirige deve garantir apenas a precisão das entradas, a cadência rítmica correta e a justa articulação das intervenções dos solistas, do coro, dos instrumentistas e da assembleia.

ticularmente, uma discrição inteligente e pacata, que será tanto mais fácil quanto ele for mais seguro e preparado para seu encargo específico.

Em primeiro lugar, será necessária antes de tudo, uma formação musical: o nível de preparação atingido nunca será demasiado. Muitas são as pessoas que intervêm na assembleia que reza cantando.

Em segundo lugar, é indispensável uma formação litúrgica: o animador musical deve entrar na inteligência da liturgia. Não se trata de conhecer a "ordem" dos diferentes ritos, mas seu sentido profundo. É necessário ter uma alma litúrgica.

O ideal é predispor escolas *ad hoc* para a formação de ministros dedicados ao canto e à música sacra. Muitas dioceses italianas estão empenhando grandes esforços para criar e manter esses institutos. Eles procuram integrar música e liturgia, oferecem vários graus de preparação, e, em alguns casos, até mesmo curso completo com diploma.

Recordemos, para concluir, que o animador musical é aquele que confere uma "alma" à celebração: é aquele que suscita o espírito que nos ajuda a entrar no mistério da fé.

5
O salmista

Pode-se falar do salmista partindo daquilo que afirma o Missal romano: "À primeira leitura, segue-se o salmo responsorial ou gradual, que é parte integrante da Liturgia da Palavra". Um pouco mais adiante se especifica seu papel: "O salmista ou cantor do salmo, no ambão ou outro lugar adequado, profere os versículos do salmo"[1]. Em seguida é sublinhado que "Para bem exercer a sua função é necessário que saiba salmodiar e tenha boa pronúncia e dicção"[2].

O salmista "desempenha" um papel importante na celebração litúrgica. Com palavras "banais", se poderia dizer que é um "especialista" no canto e na recitação dos salmos. Ele está a serviço da Palavra de Deus e da assembleia. Não se apresenta para cantar um canto durante a celebração, mas para proclamar a Palavra de Deus. E já que o salmo é substancialmente *palavra poética*, o salmista deve saber também interpretar e transmitir a dimensão simbólica desta Palavra. Evidentemente, algo nada fácil.

A proposição dos salmos para a escuta reverente e orante é, portanto, uma ação ministerial e um serviço teologal e não simplesmente algo funcional. Por isso é necessária uma preparação não apenas técnica (certamente indispensável), mas principalmente uma preparação espiritual.

O ministério do salmista é... um ministério redescoberto (pelo menos no papel). Para dizer a verdade, durantes esses anos pouco se fez de concreto para a formação dos salmistas, para que pudessem desempenhar bem a arte de salmodiar. De fato, a figura do salmista é absolutamente pouco conhecida em nossas celebrações. É importante, por isso, chamar a atenção novamente para a importância deste ministério em nossas liturgias.

---
1. PNMR, 36. [Na terceira edição do Missal cf. n. 61. (N. da T.)]
2. Idem, 67. [Na terceira edição do Missal cf. n. 102. (N. da T.)]

6
O coro

"Digno de particular menção, em virtude da função litúrgica que desempenha, é o coro ou 'capela musical' ou 'grupo dos cantores' (*schola cantorum*)."[1]

"Os membros da *schola cantorum* desempenham também um autêntico ministério litúrgico. Exerçam, pois, o seu múnus com piedade autêntica e do modo que convém a tão grande ministério e que o povo de Deus tem o direito de exigir."[2]

Diante de tantas denominações, aqui se adotará o termo "coro", pois é mais usual em italiano[3] e porque resume bem tudo o que se deseja dizer aqui. De fato, sob o mesmo termo existem realidades diversas: um coro de mais vozes (misto, isto é, com diferentes extensões vocais; ou então, de vozes com a mesma extensão vocal, masculinas ou femininas), mas também um simples grupo de canto, em que estão presentes vozes masculinas e femininas, ou, em vez disso, somente homens, ou mulhe-

---

1. MS 19, in: EV II, 985. A Instrução *Musicam Sacram* assume como sinônimos três termos que na realidade se referem a diferentes situações históricas. A *schola*, instituição de tipo "eclesiástico", desde a antiguidade teve funções de sustentação ativa da assembleia, de ligação com os ministros e de suplência ativa para as partes mais difíceis de cantar. As *Capelas* são instituições de tipo "principesco" que agregavam clérigos e leigos, regidas por estatutos particulares para agir no campo tanto litúrgico quanto profano, se juntaram (e em seguida as substituíram) às *Scholae* quando o estilo polifônico se iniciou e se desenvolveu. Os *coros* nasceram e se difundiram depois da supressão de várias *Capelas*, no final do século XVIII em diante. Ao longo do período do século XIX, mas principalmente no século XX, realizaram e imitaram a seu próprio modo o papel destas. Hoje os *coros* assumiram praticamente todas as antigas funções, inclusive as da *Scholae*: eis o motivo da possibilidade hodierna de uma assimilação dos termos.
2. SC 29.
3. Seguindo o original, preferiu-se manter essa designação, já que há traduções de documentos da reforma litúrgica para a língua portuguesa que adotaram o termo "coro". No Brasil, de um ponto de vista coloquial, talvez o mais usual fosse "coral". (N. da T.)

res, ou crianças, ou ainda, um pequeno grupo de poucas vozes onde não se consiga obter nada de mais e melhor.

O coro: parte da assembleia

A primeira observação que se poderia fazer é que também o coro exercita um verdadeiro e próprio múnus litúrgico. Ele, além de executar as partes que lhes são próprias, tem a tarefa de favorecer a participação ativa dos fiéis no canto[4]: aqui está toda sua importância conforme a visão da reforma litúrgica.

O coro não é alheio à assembleia, mas é parte dela. Sua função cultual é a de introduzir, sustentar e animar o canto de toda a assembleia[5]; enriquecer musicalmente alguns cantos, alternando com a assembleia[6] ou cantando a várias vozes junto com seu canto, em uníssono; em determinados casos, tornar-se voz da assembleia cantando de modo mais elaborado e solene, evitando, porém, o exibicionismo[7]; oferecer à assembleia um fundo sonoro que a acompanhe em seus determinados movimentos (ao longo de uma procissão, por exemplo) ou que lhe favoreça a meditação.

O coro: onde se situa?

São também interessantes as indicações que dizem respeito à adequada posição do coro dentro de uma assembleia litúrgica[8].

---

4. Cf. MS 19, in: EV II, 985. Cf. também PNMR 63 [103, na terceira edição do Missal. (N. da T.)], in: EV III, 2113.
5. Daí deriva que os membros do coro devam cantar com a assembleia e não ficar alheios ou, coisa ainda pior, calar quando todos são convidados a responder, a rezar e a cantar.
6. A alternância entre povo e coro é um meio eficaz para educar o próprio povo a cantar bem, envolvendo-o também nos cantos novos e em composições pouco conhecidas. Além disso, essa alternância confere aos cantos uma vivacidade mais intensa de oração e se torna expressão significativa do diálogo litúrgico. O diálogo coro-assembleia, porém, não é fácil e não pode ser improvisado, mas é possível que a assembleia seja educada para cantar realmente por meio de ensaios em conjunto e com a colaboração do pastor dessa comunidade e do animador musical.
7. Os momentos em que está permitida a intervenção apenas do coro é possível individuar por meio do exame da estrutura dos ritos e do tipo de assembleia. Para esses momentos, o dirigente do coro deverá escolher os cantos e as passagens musicais mais adequadas.
8. Cf. MS 23, in: EV II, 989.

O coro

No passado, quando a liturgia foi subtraída da participação do povo, surgiram nas igrejas coros ou tribunas para cantores, situados próximo ao órgão ou atrás do altar. Essas diferentes localizações eram sugeridas pelo desejo de se ter um rendimento acústico mais eficiente do órgão, que se tornara um válido colaborador da *schola* e rei dos instrumentos na celebração litúrgica.

Hoje, a localização do coro deve ser certamente repensada, pois a visão que o qualifica como "parte da assembleia" é nova, e, se de um lado não é possível indicar um critério prático sobre sua localização, adequado para todas as situações, por outro, é necessário ter presente sempre os princípios que devem determinar essa escolha, que são:

* manifestar visivelmente que o coro faz parte da assembleia[9];
* facilitar a atuação de seu ministério litúrgico e a execução de algumas passagens musicais[10];
* assegurar a participação sacramental de seus membros[11].

Formação litúrgica e musical do coro

Mais uma anotação: "Além da formação musical, dê-se também aos membros da 'schola cantorum' oportuna formação litúrgica e espiritual. Desse

---

9. Para que realmente apareça que o grupo coral faz parte da assembleia, deve-se excluir sua posição no coro e, normalmente, também a de atrás do altar, onde os membros do coro encontram-se separados e escondidos. Em vez disso, deve-se preferir uma localização ao lado da nave central, diante de toda a assembleia, ainda que essa solução não seja sempre fácil e, por isso mesmo, possível.
10. A busca de uma posição que facilite o ministério do coro e a execução de passagens musicais depende muito do número daqueles que cantam e da possibilidade de encontrar uma disposição em que a sonoridade do coro esteja realmente a serviço da assembleia. Posicionar-se atrás de uma coluna ou atrás de uma parede não contribuiria para a fácil e boa execução dos cantos.
11. Particularmente importante, sob o ponto de vista pastoral, é a ligação entre a localização do coro e a facilidade de uma participação sacramental de seus membros. Referimo-nos particularmente à comunhão sacramental. A participação plena, para os cantores, não consiste primariamente em cantar, mas, como para todos, na comunhão sacramental ao Corpo do Senhor. Ela deve ocorrer na mesma celebração, no momento justo, com os demais irmãos. Deve-se excluir, por isso, a distribuição da comunhão aos cantores depois da conclusão da missa. O que é mais relevante, também no problema da localização do coro, é rezar e facilitar a participação na oração e no banquete eucarístico.

modo, cumprindo perfeitamente sua função litúrgica, eles não apenas trazem mais beleza para a ação sagrada e a edificação dos fiéis, como também conseguem proveito espiritual"[12].

A formação musical é indispensável, mas insuficiente para os membros de um coro: é necessário que ela esteja integrada à formação litúrgica e espiritual; o serviço apenas técnico-musical não é suficiente para o exercício do múnus eclesial do coro: é necessário que ele esteja animado pela convicção interior e pela adesão profunda aos valores celebrados. O coro oferecerá assim a contribuição para a edificação dos irmãos na fé e, ao mesmo tempo, reforçará a vida teologal de seus componentes.

---

12. MS 24, in: EV II, 990.

7
O dirigente do coro

Não é possível falar do dirigente do coro litúrgico sem antes evocar brevemente quais são as características específicas e relevantes dessa equipe vocal.

O coro a serviço da liturgia, como já dito, é um grupo idealmente formado por pessoas que atuam com o objetivo de iniciar, educar e conduzir o canto de uma assembleia celebrante. O resultado que se quer atingir consiste na capacidade de realizar e comunicar a solenidade da festa com a arte do cantar.

Disso se deduz que, para o dirigente do coro, apenas a preparação musical não é suficiente para garantir um serviço competente para a liturgia, antes, às vezes só a capacidade e preparação musical não ajudam o caminho de uma comunidade celebrante rumo a uma experiência litúrgica madura. A formação necessária para o dirigente do coro deve ter presente e deve igualmente envolver diversos setores, desde o musical ao litúrgico, do psicológico até o pedagógico.

A competência musical

Iniciaremos tratando de alguns aspectos sobre a competência musical necessária ao dirigente do coro litúrgico.

Ele tem à disposição, em primeiro lugar, o instrumento musical que a mãe natureza fornece: a própria voz.

É um instrumento que o dirigente utiliza para ensinar a melodia, a textura e a interpretação de uma passagem musical. É óbvio que esse instrumento deve ser aprendido para que seja bem utilizado.

A anatomia dos órgãos vocais, o controle da respiração costo-diafragmática, a impostação da fonação, a pronúncia das vogais e das consoantes fazem parte não apenas dos conhecimentos necessários, mas também da prática pessoal dedicada ao constante melhoramento do uso da própria voz, primeiro e mais importante instrumento didático.

Em geral, dentre as competências musicais, é necessária uma leitura da música que seja segura e exata; também um suficiente conhecimento dos vários estilos e formas vocais (não apenas sacras) será certamente útil para a interpretação de um trecho musical, colocando-o em seu justo contexto histórico.

A competência litúrgica

Não se está a serviço da liturgia só porque se possui dotes e competências musicais. Se assim fosse, não seria possível compreender como algumas celebrações litúrgicas animadas por ótimos grupos corais dirigidos por também ótimos dirigentes, na esfera estritamente litúrgico-celebrativa, não sejam exemplares. Frequentemente ocorre que justamente nessas celebrações tenha sido deixado de lado o favorecimento de uma participação viva e verdadeira na liturgia.

Com efeito, deve ser continuamente buscada a integração entre exigências rituais e escolhas de repertório, de estilo e de interpretação.

Mirando apenas o resultado estético, por mais magistral que uma interpretação possa ser, não se atinge a finalidade da liturgia, pois ela está além. Onde? Na participação ativa e consciente a um evento de fé que, no momento celebrativo, ocorre e envolve a vida do fiel.

Em outras palavras, a intervenção de um coro litúrgico suscitará no povo a exata consciência de se viver um momento de graça e de encontro com Deus. Encontro e graça mediados por ritos que o coro convenientemente interpreta com o canto, envolvendo ativamente a assembleia celebrante.

De um ponto de vista estritamente pessoal, não apenas o dirigente do coro litúrgico, mas também o cantor e quem quer que se ponha a serviço da liturgia e da comunidade que celebra, desenvolverá a tarefa corretamente ou com competência, caso se deixe envolver em primeira pessoa, com sua própria vida, pelo mistério celebrado. Trata-se de conferir verdade e conteúdo de fé ao próprio agir.

Portanto, a animação musical se situa no coração da liturgia e é precisamente ela que se deve conhecer, pelo menos em alguns de seus aspectos.

O dirigente do coro

Entre eles, o conhecimento do ano litúrgico é algo certamente irrenunciável: é necessário conhecer sua articulação, seus tempos fortes, a estrutura das celebrações, o significado dos sinais e dos gestos litúrgicos.

Uma atenção especial será dada à escolha e ao conteúdo dos textos a serem cantados, à coerência com o significado dos vários momentos rituais que se desejam tornar líricos.

É igualmente necessário um conhecimento exato dos papéis e das tarefas de cada ator da liturgia.

Em síntese: a animação musical da liturgia requer dos que a ela se dedicam, um empenho múltiplo, tanto do ponto de vista espiritual quanto cultural.

Competência psicológica e pedagógica

Com esses termos não se quer fazer referência a uma competência de tipo profissional, mas mais simplesmente à bagagem de qualidades humanas que torna o dirigente do coro uma figura, em certos aspectos, carismática, que representa a liga do grupo.

O dirigente possui indiscutivelmente um papel de líder.

Isso exige uma personalidade psicologicamente madura, capaz de instaurar relações corretas na relação com os membros do coro. O clima de serenidade, dentro do qual deve se situar a ação, depende muitas vezes do modo de enfrentar com sabedoria as dinâmicas de grupo que se instauram entre os membros. Nelas, de fato, não faltam contrastes e tensões a serem aliviadas com paciência e firmeza, buscando ser, com a própria riqueza humana, elemento unificante.

Diante de possíveis, variadas e talvez providenciais dificuldades, será necessário reencontrar e renovar as motivações de fundo, para que o serviço iniciado seja gradualmente sempre mais verdadeiro e qualificado.

Trata-se de amadurecer constantemente os valores fundamentais, ligados à própria experiência de fé, que pedem, a quem quer que aja na comunidade cristã, para ser colocados em primeiro lugar.

A qualidade do próprio agir, antes ainda da competência musical absolutamente necessária, reside nos valores que sustentam globalmente a experiência humana e cristã.

Desejamos apenas recordar os principais:

- o reconhecimento das próprias capacidades, percebidas como dom recebido;

• o desejo de comunicá-las e de colocá-las a serviço do crescimento da comunidade, em vista do próprio testemunho de fé.

No que diz respeito à competência didático-pedagógica, basta lembrar que o coro é a imagem refletida de quem o dirige. Em outras palavras, as virtudes e os defeitos do dirigente serão as virtudes e os defeitos do coro.

A ação didática será tão mais frutuosa quanto mais o dirigente poderá contar com a personalidade musical, com a capacidade de ler com precisão a música, com a entonação segura, com a voz clara, com a capacidade de perceber o que ocorre no interior de uma execução, com uma relativa cultura musical e musicológico-litúrgica, com o sentido crítico e vontade de melhorar, com a capacidade comunicativa, com um método eficaz e possivelmente rápido no ensino do repertório.

Ao dirigente do coro se pede, talvez mais que a outros agentes litúrgicos, disponibilidade para o sacrifício, para o dom de si, em suma, uma personalidade humana rica e completa.

Os ensaios

Ne ponto, poderá ser útil alguma consideração prática sobre as modalidades de desenvolvimento dos ensaios do coro.

Trata-se de uma fase particularmente importante, que constitui o trabalho mais consistente em termos de tempo e de fadiga.

No momento dos ensaios se estabelecem a interpretação da peça, o estilo da execução e, obviamente, se estudam as partes.

Não há um método único para enfrentar esse delicado momento. Com o tempo, cada dirigente amadurecerá um método pessoal que "funcione" e que conduza os resultados.

Os ensaios podem ser abordados substancialmente de duas maneiras:

1. Estudando a vozes separadas, em lugares e tempos diferentes, talvez colocando duas vozes por vez (baixos-tenores, contraltos-sopranos) e depois unindo todas as vozes;
2. Estudando com todas as vozes, desde as primeiras abordagens até o trabalho conclusivo.

Se os membros do coro forem capazes de estudar a própria parte em casa, no momento dos ensaios o dirigente poderá se dedicar à concertação, isto é, a unir as vozes em conjunto, com uma notável economia de tempo e trabalho, dando mais espaço a outras coisas, como a interpretação e o cuidado de algum aspecto técnico dos vocais.

Alguns conselhos práticos:

- O ensaio deve se desenvolver em clima de serenidade e distensão.
- Disciplina e envolvimento são condições necessárias para se atingir resultados satisfatórios. Dois ensaios semanais com duração mínima de uma hora, ou no máximo duas, poderiam levar o costumeiro coro amador a boas performances.
- O material necessário para os ensaios e o ambiente em que são realizados sejam mantidos em ordem.
- Cada cantor deverá ter em mãos a partitura. Esse é um momento favorável àqueles que não conhecem a música, para aprender algo.
- Os membros do coro poderão ensaiar sentados, mas algumas vezes será bom levantar-se para reativar a concentração.
- Caso os textos estejam em língua desconhecida, que sejam primeiramente traduzidos, para que haja boa interpretação (pronúncia, fraseologia e outros elementos literários) e o significado das palavras e os sentimentos sugeridos sejam compreendidos e ecoem interiormente.
- O trabalho do dirigente inicia antes do ensaio com o coro. É necessário que ele conheça bem a peça proposta, faça as escolhas oportunas, tenha clareza do que pedir ao coro e faça isso sem hesitações.
- Em matéria de estudo das partes, tudo deve ser conduzido meticulosamente. Nenhum dos aspectos, como o ritmo, a expressão, a respiração, as proporções sonoras, deve ser deixado de lado.
- A atitude do dirigente deve ser movida pela calma e paciência, até mesmo na maneira de corrigir e nas reclamações.
- O dirigente deve saber explicar as observações de caráter técnico, as repetições e interrupções e, principalmente, deve dar exemplos com a própria voz quando requerido pelo coro.
- No início do ensaio nunca se deve esforçar a voz, mas começar com algum exercício vocal simples.
- Pode ser útil iniciar os ensaios com uma passagem conhecida, assim se criará uma atmosfera favorável para o trabalho. A mesma atitude deve ser adotada na conclusão dos ensaios, promovendo assim uma impressão prazerosa.

A condução da Assembleia

A presença de um animador do canto da assembleia permite, mesmo a um grupo numeroso, o celebrar cantando com coesão e precisão.

A atitude e o objetivo que estão na base da ação de um animador do canto da assembleia é similar à ação de quem rege um coro durante a liturgia. Ambos estão a serviço da assembleia, da experiência de oração e de sua qualidade celebrativa.

É possível, no entanto, sublinhar alguma característica peculiar do animador do canto.

Em primeiro lugar, a relação de proximidade existente entre o dirigente e o coro dificilmente ocorre entre o animador do canto e a assembleia, sendo frequentemente mais "anônima" em relação ao coro, que é, pelo contrário, formado por um grupo restrito e selecionado de pessoas.

Ademais, uma questão mais do que importante e delicada é a localização logística do animador do canto em relação à assembleia que deve ser guiada.

O animador poderá se colocar num lugar bem visível por parte de toda a assembleia, pois é com o gesto que ele guia o canto e apenas secundariamente com a voz.

Contudo, dada a grande variedade das tipologias arquitetônicas das igrejas, é praticamente impossível dar indicações mais detalhadas e praticáveis em todo e qualquer lugar. Será possível apenas dar algumas indicações gerais:

- Deve-se evitar colocar-se numa posição central, lugar reservado a quem preside;
- Se possível, evitar dirigir a assembleia do ambão, lugar reservado à proclamação da Palavra de Deus.

Entre as muitas qualidades requeridas, a discrição é certamente indispensável ao animador do canto da assembleia. Essa qualidade deve incidir na gestualidade usada para a direção do canto. Ela será caracterizada por movimentos amplos e bem visíveis, sobretudo diante de assembleias particularmente numerosas, mas sem nunca perder a clareza, a simplicidade e a manutenção do essencial.

Depois do gesto de início dirigido à assembleia e tendo o canto começado corretamente, poderá ser supérfluo o gesto contínuo de direção. O animador poderá se limitar a intervir novamente só para concluir o canto.

O dirigente do coro

O que foi afirmado até agora diz respeito apenas a alguns aspectos da atitude globalmente discreta com que o animador deve realizar seu trabalho.

Isso exprimirá com clareza o próprio envolvimento pessoal, a própria participação interior à liturgia, testemunhando também ele estar não somente a serviço da assembleia orante, mas fazer também parte dela.

Além disso, talvez não seja demais recordar que uma boa animação está ligada à experiência e a uma formação de base que abranja um conhecimento suficiente da liturgia, uma correta formação musical (discreta capacidade vocal, capacidade de aprender corretamente um canto e de ensiná-lo), e um pleno sentido de serviço.

A verificação

Toda atividade pastoral requer um espaço de tempo para ser verificada. A do coro litúrgico também requer esse tempo.

Essa experiência, caso seja bem conduzida e orientada em busca de uma visão objetiva e livre de preconceitos e personalismos, poderá constituir um momento de crescimento, não menor que a atividade coral.

É bom prever dois momentos em que se explica a ação de verificação.

No primeiro momento se age em vista de um programa a ser realizado.

Nesta fase deve haver atenção a duas coisas:

1. Captar as linhas essenciais do plano pastoral que a comunidade deseja desenvolver ao longo do percurso anual. Para essa finalidade o diretor do coro deverá ter o cuidado de dialogar com todos da pastoral da comunidade e esclarecer quais os conteúdos a serem desenvolvidos ao longo do ano pastoral, quais tempos fortes sublinhar etc.

2. Captar com sadio realismo a situação concreta da vida e da atividade do coro, os limites e as potencialidades, o nível de maturidade não apenas musical, mas também motivacional, em vista do serviço à comunidade celebrante.

Com base nessa dupla atenção se poderá, em seguida, configurar o programa da própria atividade (momentos e ritos litúrgicos a serem valorizados, cantos novos que devam ser introduzidos etc.) e passar para a fase de ação.

O CANTO E A MÚSICA COMO CELEBRAÇÃO

Essas sugestões podem ser muito úteis também para se pensar antecipadamente alguma celebração particular dentro do ano pastoral (por exemplo, a celebração dos sacramentos).

Uma experiência ulterior e indispensável de verificação deve certamente se colocar no final de toda atividade anual ou periódica. Nesse segundo momento será necessário interrogar a própria ação submetendo-a com serenidade, mas também objetivamente a uma série de perguntas.

Antes de tudo, a pergunta fundamental diz respeito à qualidade do serviço desenvolvido. Qualidade que reside, em primeiro lugar, na capacidade do coro de ser guia e estímulo à assembleia para que ela tenha participação mais consciente e ativa na liturgia. Não se deve nunca esquecer que é a comunidade o sujeito celebrante, dentro da qual o coro encontra seu lugar.

Outras perguntas sobre a atividade desenvolvida dizem respeito à pertinência do repertório escolhido, em que medida ele tem relação com o significado dos gestos, dos sinais e dos ritos celebrados, se foi bem proporcionado na quantidade e no tempo.

Outras interrogações dizem respeito à linguagem musical e ao estilo adotado, se foi condizente à assembleia ou não.

Portanto, são muitas as atenções a serem observadas.

Este momento será mais útil e frutuoso na mesma medida em que for compartilhado por uma equipe como, por exemplo, o grupo encarregado da liturgia, o presidente das celebrações litúrgicas e outras figuras envolvidas na liturgia.

O crescimento na qualidade da intervenção deve necessariamente passar por uma ação de verificação. Somente assim se poderá contribuir positivamente com o caminho de uma comunidade, tendo em vista uma experiência litúrgica mais amadurecida.

8
O cantor solista

"Providencie-se, principalmente onde não houver a possibilidade de constituir nem mesmo uma *schola* modesta, que haja ao menos um ou outro cantor, devidamente formado. Ele deve então propor ao povo ao menos as melodias mais simples, para que haja participação, e deverá oportunamente dirigir e apoiar os fiéis. Convém que se destine também um cantor para as igrejas dotadas de uma *schola*, para que, nas celebrações solenes, ele possa assim acompanhar o canto."[1]

Quando se fala de "cantor solista" ou "cantor dirigente", não se entende fazer referência à exibição de um cantor qualquer que entra no tecido delicado do rito, rasgando-o com intervenções inoportunas na forma, conteúdos, estilo ou colocação, mas ao ministério particular litúrgico que, representando o coro ou, em sua ausência, substituindo-o, dê sua contribuição favorecendo a participação no canto da assembleia litúrgica.

São várias as maneiras que uma voz solista pode intervir corretamente na celebração, particularmente:

- entoando, iniciando e sustentando com nobreza os cantos da assembleia, desempenhando de alguma forma o papel, como já acenado, do coro;
- propondo o canto do salmo responsorial, mas apenas para que apareça, quanto seja possível, a distinção entre cantor e salmista[2];

---

1. MS 21, in: EV II, 987; cf. também PNMR 64 in: EV III, 2114. [Na terceira edição do Missal cf. n. 104. (N. da T.)]
2. De fato, o salmista deve ser considerado como ministro a serviço da Palavra, dom divino e "descendente" na dinâmica comunicativa do diálogo salvífico. Em vez disso, o cantor é um ministro da assembleia e pela assembleia mais ligado ao movimento e à orientação "descendente" da liturgia, com função cultual.

- cantando alternativamente com o coro e com toda a assembleia, no caso de cantos que se prestem a esse tipo de execução[3].

Obviamente deve ser considerado reprovável o costume que concede, a um único cantor, a execução de todas as intervenções cantadas, com dupla suplência: a do coro e a do povo. Pior ainda se ele for também o organista ou o violonista.

É claro que não se pode improvisar os solistas! Não basta ter bons dotes canoros. Também aqui é necessário ter boa formação musical e litúrgica.

---

3. Cf., por exemplo, o canto dos responsórios, das ladainhas, do *Kyrie*, do Glória, do Aleluia, do Santo, do Cordeiro de Deus.

9

Os instrumentistas

O organista, o violonista, ou o tocador de qualquer outro instrumento admitido na liturgia, também participam de um verdadeiro ministério e esse instrumento, para ser executado de forma otimizada, é requerido dos instrumentistas, além de adequada perícia, também um conhecimento e uma íntima participação no espírito da sacra liturgia[1].

Os instrumentistas devem colocar seu espírito e sua sensibilidade em plena sintonia com aquilo que se celebra, seja para que possam participar frutuosamente da celebração, para sua vantagem pessoal, seja para poder servi-la adequadamente. Sem uma atitude de fé não se pode servir plenamente a liturgia: "os dotes técnicos constituem um meio, a fé constitui a alma"[2]. Somente dessa forma os instrumentistas poderão "sentir" o que a celebração lhes pede e, momento a momento, dar a adequada resposta.

A presença dos instrumentistas na liturgia é substancialmente necessária por dois motivos:

- sustentar e acompanhar o canto da assembleia, do coro ou do cantor;
- produzir música de fundo quando o rito comporta.

E, tentando desdobrar com maiores detalhes:

- ambientar o rito, a festa, a reunião, criando a justa atmosfera;
- sonorizar o ambiente com músicas orientadas conforme aquilo que se quer obter (por exemplo, acolher e acompanhar a formação ou a despedida da assembleia);

---

1. Cf. MS 67, in: EV II, 1033.
2. MAGNANI, P., *Musica e canto nell'azione liturgica*, "Liturgia" 110 (1995), 129.

O CANTO E A MÚSICA COMO CELEBRAÇÃO

- fornecer os "sinais" sonoros que anunciem um momento ritual típico, ou uma transição ou passagem para uma fase sucessiva (especialmente nas celebrações mais complexas);
- para determinar condições, sustentar com um fundo sonoro adequado a própria palavra falada para dar-lhe um realce eficaz;
- preludiar, interludiar e posludiar, especialmente nos cantos que acompanham alguns ritos longos.

Além dos eventos indicados, há sempre espaço para a criatividade, para um amplo e digno uso do instrumento, pois nenhuma celebração é idêntica à outra, já que se trata de uma ação feita por homens e mulheres a caminho, inseridos num momento histórico preciso, carregados de experiências sempre novas.

Mediante seu serviço, os instrumentistas saem da celebração nobilitados e enriquecidos espiritualmente. Podem contribuir de maneira eficaz para o sucesso da celebração e podem auxiliar a comunidade a se abrir para Deus na alegria, no recolhimento e sob o fascínio artístico.

Os instrumentos musicais na celebração

Ao longo dos séculos a Igreja, procurando se adequar à vida cultural e musical de cada época, fez diferentes escolhas no âmbito da presença dos instrumentos musicais na liturgia.

Nos primeiros séculos e, portanto, na época patrística, o único instrumento musical admitido era a voz humana.

É a época de ouro do canto gregoriano, onde a voz do homem era reconhecida como a única mediação possível entre Deus e o próprio orante.

Somente na Idade Média é que se registram tímidas aberturas em relação ao uso dos instrumentos musicais na liturgia.

Por outro lado, a época do Renascimento assinala uma dúplice atitude.

A primeira faz referência à Escola Romana, onde era vigente a regra do típico "estilo a capela".

A segunda se refere à Escola Veneziana, onde, pelo contrário, se empregava com abundância instrumentos de corda, instrumentos de sopro e o órgão que, desse momento em diante, terá a primazia no acompanhamento do canto na celebração litúrgica.

Os instrumentistas

No período romântico se assinala a presença da orquestra junto ao órgão, pelo menos nas liturgias celebradas em sedes importantes e em ocasiões particularmente solenes.

Com o Vaticano II, a Reforma Litúrgica se abre para uma nova concepção da liturgia e do "sacro", permitindo, na práxis, a utilização de um conjunto de instrumentos mais rico e variado: guitarras, baterias, instrumentos eletrônicos de vários tipos.

Por vezes, a utilização indiscriminada desses instrumentos substituiu o órgão, privando a liturgia daquela voz que a Igreja reconhece ter uma primazia sobre as demais.

Isso quase sempre ocorreu num clima não muito pacífico e nem muito sereno de discussão entre posições mais abertas à mudança e outras mais voltadas à tradição.

Frequentemente nas comunidades essas questões são ainda motivo de tensão, de modo que as celebrações litúrgicas se tornam motivo de polêmica e divisão entre "velho e novo", entre "adultos e jovens"[3].

Apenas na compreensão do papel que a Reforma Litúrgica confiou aos instrumentos é que se poderá chegar a uma utilização correta, onde haja espaço para as várias culturas e sensibilidades, mas sem alterar a correta linguagem musical da liturgia.

Portanto se buscará, neste parágrafo, responder a pergunta: "Com quais critérios e em quais situações usar os instrumentos musicais?"

Para responder de maneira equilibrada e abandonando polêmicas inúteis e nocivas, não podemos prescindir do conhecimento de alguns documentos que a Igreja do concílio, e do pós-concílio, dedicou à tratativa destes temas.

A ignorância desses pronunciamentos de autoridade é muito ruim, tanto para a liturgia quanto para quem dela participa como simples fiel e, mais ainda, para quem presta serviço de animação musical.

---

3. Naturalmente o autor se refere à situação italiana. No Brasil, considerando as últimas décadas, se poderia dizer que a esmagadora maioria de nossas comunidades nunca teve acesso ao órgão em função dos altos custos para a obtenção e manutenção desse instrumento; some-se a isso a dificuldade de se ter um organista à disposição. Quando muito, na memória mais recente do conjunto dos fiéis, talvez a discussão tenha se colocado mais entre a utilização da guitarra elétrica e bateria ou outros instrumentos mais "tradicionais", identificando-se por "tradicional", geralmente o violão, ou em situações economicamente mais favoráveis, também o teclado. (N. do E.)

O CANTO E A MÚSICA COMO CELEBRAÇÃO

Documentos do magistério sobre o uso dos instrumentos

◉ De um ponto de vista cronológico, levaremos em consideração a Constituição litúrgica *Sacrosanctum Concilium*. No capítulo VI se trata da música sacra e dos instrumentos. Sendo um documento-base, não se detém nos detalhes, mas, em seu número 120, são fixados os princípios fundamentais e gerais.

Reconhece-se ao órgão a primazia entre todos os outros instrumentos, mas se deixa para a autoridade de cada bispo a possibilidade de admitir outros, desde que esses instrumentos sejam convenientes à dignidade do templo e favoreçam a edificação dos fiéis.

◉ Na Instrução *Musicam Sacram* de 1967, temos um documento mais específico. O capítulo VIII, de números 62 ao 66, trata dos instrumentos musicais na liturgia.

É reafirmada a sua utilidade tanto no acompanhamento dos cantos quanto na música de fundo. Além de reafirmar a primazia do órgão, alguns critérios para a admissão de outros instrumentos são esclarecidos. Devem ser excluídos os instrumentos que, segundo o juízo e o uso comum, são destinados à música profana.

Sua utilização deve respeitar as funções rituais. Assim, motivações de natureza exclusivamente estética não são suficientes para justificar o uso na liturgia. Ademais, deve-se levar em consideração a tradição de cada povo, sua cultura e a capacidade desses instrumentos devem favorecer um clima de celebração que estimule a participação e favoreça a unidade da assembleia.

◉ Em 1970 a Comissão Episcopal para a liturgia emanou a nota *La messa per i giovani* [A missa para os jovens]. É um documento que nasceu nos anos em que os conjuntos *pop* haviam entrado em massa nas celebrações litúrgicas.

No número 15 se evocam as indicações dos documentos precedentes e se convida a excluir da liturgia os grupos musicais que com sua presença podem tornar as celebrações um mero "espetáculo litúrgico". A missa para os jovens, afirma-se, não deve ser forçosamente ligada a determinados instrumentos musicais. Nesse texto se esclarece melhor a função desses instrumentos: eles estão a serviço da arte sacra, da palavra e da participação viva da assembleia.

◉ *A missa com crianças* é o diretório que a Sagrada Congregação para o culto divino emanou em 1973. Coloca sob exame, no número 32, diversas tipologias de assembleias, onde, com os adultos, estão presentes de maneira preponderante, ou não, também as crianças.

Deve-se reconhecer que o ato de tocar pode ser um fator de maior envolvimento e de participação mais ativa, sobretudo por parte das crianças.

Contudo, recorda-se que também essa modalidade de participação deve estar orientada para o serviço, para se evitar criar ocasiões de distração, para si mesmos e para os outros.

◉ Nos *Princípios e normas para o uso do Missal romano* de 1984, no número 275[4] e nos sucessivos *Precisazioni della CEI* [Esclarecimentos da CEI – Conferência Episcopal Italiana], no número 13, parecem prevalecer preocupações mais técnicas, que dizem respeito à posição dos instrumentos dentro do edifício sacro e a acústica. Uma boa localização dos instrumentos favorece uma boa acústica e consequentemente, sustenta bem o canto da assembleia.

Os documentos anteriores haviam sido muito claros a propósito do uso dos instrumentos que não fossem o órgão. Como consequência, não se encontram novas afirmações, mas se evocam as características já enunciadas: os instrumentos sejam aptos ao uso sacro, permanecendo firme a preferência pelo órgão de tubos.

Em síntese

Desejando esboçar uma tentativa de síntese do pensamento expresso até aqui, se poderia assim esquematizar:

- Não se exclui, em linha máxima, o uso de nenhum instrumento, na medida em que não se reconhece *a priori* alguma profanidade ou sacralidade intrínsecas aos instrumentos musicais.
- Na escolha desses instrumentos dentro das celebrações, deve-se considerar alguns critérios fundamentais: o respeito à ação celebrada, a tipologia da assembleia, o lugar sagrado, a cultura e as tradições dos povos.
- Essencialidade e sobriedade, relativas ao número e às características sonoras dos instrumentos, representam critérios irrenunciáveis

---

4. Na terceira edição do Missal cf. n. 313. (N. da T.)

para que seu uso não cause distúrbio à contenção dos gestos e à dignidade dos ritos da liturgia.

- Assembleias litúrgicas particularmente configuradas (jovens, crianças) requerem uma específica atenção. A animação musical não poderá não levar em consideração as expressivas exigências desses grupos particulares, recorrendo à utilização de repertórios e instrumentos condizentes à sensibilidade e cultura dessas categorias. Leve-se, porém, na devida consideração a necessidade, também para esses grupos, de não se identificar um único estilo celebrativo no canto. A nota dominante deveria permanecer sempre a da eclesialidade que, traduzida em escolhas concretas, significa conhecimento e prática do repertório comum de hoje, e da tradição anterior.

O organista

Musicam Sacram, de 5 de março de 1967, no número 67, considera o ministério do organista e assim se exprime:

> É indispensável que os organistas, além de possuírem adequada perícia na utilização do instrumento que tocam, conheçam e sejam penetrados pelo espírito da sagrada liturgia de modo que, mesmo tendo de improvisar, assegurem o decoro da sagrada celebração de acordo com a verdadeira natureza de suas várias partes, e favoreçam a participação dos fiéis.

Trata-se, portanto, de um verdadeiro ministério que requer uma adequada formação técnica e espiritual, ou seja, uma competência profissional e uma formação litúrgica.

A formação técnica adequada para o serviço litúrgico exige do organista que ele saiba acompanhar sustentando o canto do coro, do solista ou de toda a assembleia, de modo pertinente e seguro.

Sem entrar em questões puramente técnicas, que neste contexto estariam deslocadas, bastará lembrar que se requer do organista um grande sentido de ritmo que poderá ajudar a assembleia a manter o tempo durante toda a duração do canto.

Uma grande ductibilidade e versatilidade se requer do organista litúrgico, já que a celebração prevê uma sucessão de intervenções sonoras diversificadas. O canto do solista exige uma sustentação do órgão totalmente diferente daquela do canto do coro; do mesmo modo, também a

Os instrumentistas

assembleia em seus diálogos com o presidente necessita de um acompanhamento específico, diferente daquele necessário aos cantos tradicionais populares.

A perícia técnica do organista se traduz na capacidade de adaptação, por meio de uma oportuna e, possivelmente, transposição de improviso, das tonalidades, diante da possibilidade, ou não, da assembleia, ou do coro, de manter a tonalidade original da música.

O serviço do organista litúrgico não se exaure na execução de músicas de outros autores, mas exige criatividade e imaginação para introduzir, interludiar e concluir adequadamente um canto, dispondo o ânimo dos fiéis por meio da retomada e da variação dos temas.

A criatividade do organista encontra também expressão no preenchimento dos espaços de silêncio como, por exemplo, as incensações, os ritos que se prolongam mais do que o previsto etc. São momentos de grande importância em que a preparação técnica, o gosto pessoal, unido ao conhecimento do espírito da liturgia, contribuem para fazer das celebrações uma experiência espiritual forte e incisiva.

Por essa razão a preparação e a competência técnica não são, sozinhas, suficientes para garantir um serviço organístico qualificado.

O organista litúrgico deverá adequar seu serviço aos princípios e às normas que regulamentam a liturgia em suas múltiplas articulações. Conhecer as estruturas das celebrações e o significado dos gestos e dos ritos que nelas se realizam constitui uma bagagem inestimável de saberes.

Somente assim será possível atingir o objetivo que o serviço de organista litúrgico tem diante de si: comentar e iluminar a mensagem da Palavra e dos textos litúrgicos, sublinhar e colocar em evidência o conteúdo e o significado dos ritos.

Assim como cada ator da liturgia, também o organista deve crescer na consciência do ministério. Ele é, a seu modo, um operador pastoral, que com a sensibilidade de ser humano, de fiel e de musicista, participa na obra de anúncio e de evangelização de toda a Igreja.

O violão

Nestes anos, sobretudo no ambiente juvenil, o violão teve uma difusão como poucos instrumentos conseguiram. Esse sucesso advém de seu uso prático e de sua relativa aprendizagem fácil.

O CANTO E A MÚSICA COMO CELEBRAÇÃO

É óbvio que esse instrumento tenha terminado por "bater à porta da liturgia" e que fosse, rapidamente, inserido oficialmente entre os instrumentos que animam as celebrações.

O problema nasce quando seu uso se torna impróprio e, no contexto celebrativo, privado de qualquer critério.

O tipo de assembleia, seu tamanho, o lugar da celebração deveriam ser os termos objetivos para estabelecer a oportunidade ou não de empregar o violão como instrumento exclusivo de acompanhamento do canto. Uma assembleia litúrgica de pequenas dimensões, numa capela pequena, é certamente adequada para ser musicalmente animada por um violão, ao contrário de uma assembleia de dimensões maiores ou em lugar mais amplo.

O som do violão, obtido pela vibração das cordas, é decididamente "avaro" e, tanto nos espaços pequenos, como nos grandes, não permite um volume e uma duração consideráveis.

Para se obter um som que realmente dê sustentação ao canto, as cordas devem ser continuamente colocadas em vibração e, por essa razão, o repertório é limitado quase que exclusivamente aos cantos rítmicos que melhor se adequam a isso.

Os animadores musicais que nas celebrações acompanham os cantos com o violão, geralmente utilizam o instrumento de maneira insatisfatória.

O acompanhamento se limita a uma repetição obsessiva de acordes e de módulos rítmicos que não sustentam e não estimulam o envolvimento da assembleia.

O violão pode ser empregado de maneira mais útil em alguns momentos e ritos litúrgicos, redescobrindo neles o papel mais adequado. O conhecimento e a prática de algumas técnicas de violão clássico tornam o uso desse instrumento muito mais variado e sobretudo inteligente. Basta apenas pensar na técnica do dedilhado ou do dedilhado com o contracanto. Acompanhar o salmista com essa técnica pode despertar na assembleia momentos evocativos de rara eficácia. Ou então criar, para o silêncio depois das leituras, um fundo sonoro extremamente sugestivo.

Talvez sejam ainda muito poucos os violonistas conscientemente responsáveis da formação litúrgica (ver as considerações já feitas aqui para os outros atores musicais da liturgia) e competência técnica. Deve-se amadurecer a consciência do ministério e, partindo dela, percorrer um caminho de desenvolvimento e amadurecimento técnico e litúrgico.

Os instrumentistas

O violão permanece, em todo caso, um instrumento substancialmente inadequado para sustentar o canto das partes que se definem como diálogo entre presidente e assembleia e que representam a base da participação do povo. A esse respeito é realmente difícil esperar as aclamações da assembleia sustentadas exclusivamente pelo som do violão.

Mesmo a amplificação do instrumento, mediante aparelhos eletrônicos, representa um paliativo e um atalho pouco eficaz de um ponto de vista expressivo, deixando sem solução o problema de fundo.

Permanece como ponto firme o ideal do som natural e não potencializado artificialmente.

Os instrumentos de sopro: as madeiras e os metais

Os mais difundidos e conhecidos são a flauta, o oboé e o clarinete, todos pertencentes à família das madeiras.

Em vez disso, a trompa, o trombone e trompete fazem parte da família dos metais. São, por natureza, instrumentos solísticos; suas possibilidades se exaurem no papel solístico na medida em que não podem emitir um som por vez. Por essa razão são, sozinhos, constitucionalmente inadequados para o acompanhamento. Contudo, se utilizados adequadamente decoram e solenizam o canto de maneira única e original.

Os instrumentos de sopro podem, porém, ser empregados, com grande efeito, com o órgão, seu parceiro ideal. A utilização desses instrumentos leva a reforçar a melodia ou a criar linhas melódicas independentes e, ao mesmo tempo, integrantes da melodia principal. O acompanhamento que daí surge é com frequência sugestivo.

Dada a sonoridade clara e vibrante, os metais conferem às aclamações (o Amém, o Aleluia, o Santo, o Glória) uma rara eficácia celebrativa. Obviamente deve ser levado em consideração o volume produzido por esses instrumentos, muitas vezes amplificado pela reverberação sonora dos espaços sagrados.

O volume e a qualidade do som produzido devem ser bem equacionados para não constituir um elemento de distúrbio, em vez de um elemento de interesse. Passo a passo, conforme o timbre e o efeito que se quer obter, se deverá decidir a quantidade de instrumentos a serem utilizados.

O CANTO E A MÚSICA COMO CELEBRAÇÃO

As percussões

Esses instrumentos estão subdivididos em duas categorias: os de som indeterminado (caixa, claves de madeira, tambores de vários tipos, bateria etc.) e os de som determinado (xilofone, metalofone, carrilhões etc.). O documento *Liturgicae instaurationes*, de 1970, afirma com clareza que os instrumentos muito barulhentos não são adequados para a animação musical da liturgia.

As percussões de som indeterminado permanecem, por essa razão, fortemente sob suspeição, hoje ainda utilizadas sem muitos escrúpulos, na maioria das vezes com resultados discutíveis.

Seria necessário perguntar-se o que legitima seu uso e para qual repertório se destina.

Por outro lado, as percussões de som indeterminado poderiam encontrar utilização em celebrações litúrgicas particulares como, por exemplo, nas liturgias com crianças, as quais, diretamente envolvidas, viveriam uma experiência mais participativa e mais ativa.

O bom senso, o bom gosto e o sábio equilíbrio de quem coordena a animação musical litúrgica deveriam desaconselhar o seu uso, em virtude da superlotação de timbres, onde já existisse a presença do órgão e dos metais. Isso poderia se tornar apenas uma sobrecarga inútil e nociva.

Não se deve esquecer que a liturgia romana tornou a dignidade, a compostura e a essencialidade, qualidades irrenunciáveis dentro de seus ritos.

10
Textos e melodias na celebração

A questão dos textos e das melodias para a participação plena, ativa e consciente da assembleia na celebração litúrgica foi provavelmente a questão mais agitada e discutida desde que se começou a celebrar nas línguas "vivas" do povo.

Essa questão não é de pouca importância, ao contrário, é decisiva tanto em relação ao bom andamento da celebração quanto à participação dos fiéis. "De quanto é dito nos cantos e de sua quantidade e qualidade [...] musical dependem a expressão mais ou menos manifesta da fé da Igreja, a configuração da participação, a clareza da estrutura celebrativa, a imagem global e unitária da celebração como evento eclesial, a pedagogia do ano litúrgico."[1]

Os textos

"Os textos destinados ao canto sacro sejam conformes à doutrina católica, antes, sejam tomados preferencialmente da *Sagrada Escritura* e das fontes litúrgicas."[2]

A liturgia cristã é atualização do mistério salvífico de Cristo e, ao mesmo tempo, expressão da fé da Igreja que a ele se associa. Essa fé "requer em primeiro lugar formulações corretas, sem, por isso, excluir a poesia [...]; requer também, em se tratando de expressão litúrgica, que essas formulações sejam adequadas à celebração, à sua estrutura e ao

---

1. TENA, P., *Testi e musica per la partecipazione dell'assemblea*, in: CENTRO SERVIZI GENERALI DELL'ARCIDIOCESI DI BOLOGNA (org.), *Musica e partecipazione alla liturgia.* Atti del XXVI congresso nazionale di musica sacra, Bologna, 1993, 71.
2. SC 121, in: EV I, 222.

contexto litúrgico, ou seja, que exprimam e imprimam as atitudes espirituais próprias da assembleia orante: oração, alegria, meditação etc. Pois a fé da Igreja nasce da Palavra, nada é mais adequado e nobre para sua expressão que a própria Palavra da Escritura; igualmente, celebrando o mistério de Cristo, nada mais do que os textos 'que falam dele' ajudarão a celebrá-lo no melhor dos modos"[3].

Desde suas origens, e a história das diferentes tradições litúrgicas o demonstra, a Igreja, na escolha dos cantos a serem rezados na liturgia, nutriu constantemente uma clara preferência pelos textos bíblicos ou, então, marcadamente inspirados pela *Sagrada Escritura*. É um princípio que a Constituição litúrgica *Sacrosanctum Concilium* também evoca[4].

Na redação dos cantos que se difundiram durante estes anos, a *Sagrada Escritura* ainda inspira os cantos da assembleia? Parece que os textos cantados na liturgia de língua vernácula sofreram progressiva degradação. Partindo de uma primeira etapa, ancorada nos textos bíblicos, foram se introduzindo ao longo do tempo alguns textos de inspiração subjetiva, às vezes fortemente ideologizados ou excessivamente sentimentais, em todo caso, nem sempre adequados à liturgia. Provavelmente a causa disso está em ter se considerado progressivamente como inadequado e ininteligível a linguagem bíblica proposta na liturgia, na pregação e na catequese[5]. É por isso que hoje, mais do que nunca, sente-se a exigência de um retorno à *Sagrada Escritura*, de uma reconversão para ela; de fato, somente a Escritura pode ser a verdadeira fonte de inspiração do canto dos cristãos.

Porém, os cantos rezados na liturgia devem ser também funcionais, ou melhor, devem acompanhar e sublinhar com seus textos o ritmo da celebração. Nela não se canta tanto para "passar o tempo" ou para "enfeitar" a ação, mas porque há elementos que, por sua natureza e finalidade, exigem o canto.

Pensar que seja possível mudar o texto dos cantos do *Ordinário*[6], por exemplo, por motivos de gosto ou por presumidas exigências musicais,

---

3. Tena, P., *Testi e musica...*, 71-72.
4. Cf. SC 24, in: EV I, 40.
5. Considere-se, por exemplo, como se chegou — frequentemente — a substituir o salmo responsorial por outro canto considerado mais moderno!
6. Os textos do *Ordinário* são aqueles que, por longa tradição litúrgica, permanecem fixos na celebração eucarística, ou seja: *Kyrie*, Glória, Credo, *Sanctus*, *Pater noster*, *Agnus Dei*.

é algo realmente fora de cogitação e certamente não iria favorecer a autêntica participação ativa da assembleia[7].

Afinal existem critérios também para a produção de textos dos cantos do *Próprio*[8], os quais possuem, cada um a seu modo, a tarefa de envolver progressivamente a assembleia no espírito do mistério que está sendo celebrado.

O *canto da entrada*, por exemplo deveria exprimir o porquê e com qual atitude se deve reunir a assembleia: deveria cantar as maravilhas de Deus, sua glória, a adoração, o louvor e a ação de graças pelo mistério de salvação que está para ser celebrado. É óbvio, a este ponto, que não é possível se contentar, a cada domingo, em cantar sempre os mesmos cantos[9], e que o conceito de "qualquer canto está bom" certamente não favorece uma verdadeira animação litúrgica. Em vez disso, seria conveniente também para o canto dos textos do *Próprio*, cantar um texto bíblico, ou fortemente inspirado nele, em sintonia com o mistério do tempo litúrgico ou da festa que se celebra, e adequado, como já dito, para o momento ritual em que está inserido.

A composição de um texto com as devidas características certamente não pode ser algo improvisado; ela não pode ser simplesmente fruto de um trabalho "teórico", mas sim de uma vida cristã em que a participação na liturgia e a leitura litúrgica da Escritura ocupam um lugar essencial. Isso deveria levar à criação de um repertório fixo de cantos para todo o ano litúrgico, inspirado na Escritura e apto para o domingo, para as festividades ou para o tempo litúrgico; esse repertório deveria também ser repetido e progressivamente aprendido pela assembleia.

Com alguns exemplos concretos, sublinhamos como devem ser dois dos critérios fundamentais a serem levados em consideração na produção dos cantos litúrgicos:

---

7. Tratar a oração do pai-nosso como se fosse uma composição livre foi uma das coisas mais negativas que inventaram todos que se iludiram em assim poder melhor animar a celebração "tornando-a jovem".
8. Os cantos do Próprio são os que, dentro da missa, variam de celebração para celebração: *antífona/canto de ingresso, orações presidenciais, salmo responsorial, aleluia, canto de apresentação dos dons, de comunhão, final.*
9. O autor menciona aqui os cantos italianos "Noi canteremo gloria a Te" ["Nós cantaremos glória a Ti"] e "Ti lodiamo Trinità" ["Te louvamos, Trindade"]; naturalmente os leitores brasileiros poderão imaginar aqui determinados cantos de entrada, que em nossas comunidades são cantados e repetidos *ad nauseam*. (N. da T.)

O CANTO E A MÚSICA COMO CELEBRAÇÃO

- a inspiração na Bíblia e/ou na genuína tradição da Igreja;
- o respeito pelo rito e a funcionalidade para a oração de toda a assembleia.

Permanece ainda algum aceno a ser feito para o segundo elemento que pertence ao canto: a melodia. De fato, por mais poético, inspirado ou sublime que seja, um texto tem necessidade de uma melodia para se tornar um canto. A mesma coisa vale para os cantos da liturgia: um texto tem necessidade de uma melodia.

As melodias

Deve-se esclarecer, em primeiro lugar, que não existe uma melodia que, analogamente, possa desempenhar o papel da Escritura em relação aos textos, nem mesmo o canto gregoriano. Na escolha e avaliação de uma melodia sempre entram em jogo múltiplos fatores de caráter estético, cultural e de ambiente; contando também com a sensibilidade pessoal, se torna relativamente difícil estabelecer alguns pontos de referência.

Contudo, os princípios que sustentam essa problemática parecem ser os seguintes:

- É necessário que as melodias correspondam à natureza litúrgica dos textos;
- As melodias dos cantos litúrgicos devem servir o texto.

Portanto, em primeiro lugar é necessário que as melodias correspondam à natureza litúrgica dos textos. Com efeito, nem tudo o que se canta na liturgia é um canto no sentido comum do termo. Há alguns cantos, mas existem também as aclamações e, sobretudo, há a cantilação[10] e o recitativo[11], aos quais estão majoritariamente vinculados os elementos da liturgia eucarística, como o pai-nosso, a aclamação memorial, a oração eucarística...

Em outras palavras, esse princípio afirma que não é possível "tratar", por exemplo, o Santo como se "trata" um canto de entrada, nem

---
10. Termo usado para indicar uma performance vocal situada entre a fala e o canto propriamente dito. (N. da T.)
11. VEUTHEY, M., Celebrare con il canto, 147.

o Cordeiro de Deus como um canto de comunhão, muito menos o painosso como um canto qualquer.

O outro princípio, segundo o qual as melodias dos cantos litúrgicos devem sentir o texto, é autorizado pela melhor tradição musical da Igreja.

A assembleia se reúne para celebrar o mistério da fé e não para escutar belas músicas. Esse mistério da fé se proclama por meio de palavras; a elas deve-se adicionar as melodias com a finalidade de sublinhar sua força interior e para que o texto possa exprimir sua destinação litúrgica. Esse serviço fiel ao texto foi um dos incontestáveis valores do canto gregoriano. Ao contrário, assim não ocorreu no passado, em que o texto foi considerado apenas um pretexto para elaborar um conceito musicalmente desenvolvido.

Servir o texto significa dotá-lo também de uma melodia afinada com seu contexto litúrgico concreto; em outros termos, a forma musical deve ser adequada à função do canto[12]. É óbvio que, para se manter fiel a esse princípio, não basta o compositor de cantos para a liturgia ser um profissional sério; é necessário também que tenha uma viva e intensa participação na liturgia.

"Se se trabalhasse para encontrar melodias que se tornem 'próprias' do domingo, dos tempos litúrgicos, adequadas aos textos, por sua vez também adequados à função litúrgica que lhes é própria, então aí sim a música assumiria o papel eminente de educar à liturgia, mesmo do ponto de vista estético e, se quiserem, emocional. Compreensivelmente isso não acontece quando são sempre os mesmos cantos a serem executados nos dias mais diversos do ano litúrgico: eis o modo concreto de tirar das melodias sua força evocativa."[13]

Isso dito, seria possível se perguntar: existe uma música especificamente litúrgica, isto é, um modo de fazer música exclusivamente própria da celebração cristã?

A Constituição *Sacrosanctum Concilium* afirma que "a Igreja reconhece como canto próprio da liturgia romana o canto gregoriano; terá este, por isso, na ação litúrgica, em igualdade de circunstâncias, o lugar

---
12. Um exemplo: o *salmo responsorial* é uma leitura, e uma leitura é também o *Evangelho*. Ora, cantar o *salmo responsorial* ou o *Evangelho* numa veste polifônica, seria realmente um exemplo do modo incorreto de entender o serviço da melodia ao texto litúrgico.
13. TENA, P., *Testi e musica*, 81-82.

principal"[14]. A Instrução *Musicam Sacram*, por sua vez, eleva as melodias tradicionais da liturgia latina a modelo de referência para a composição das novas melodias para os textos em língua vernácula[15]. Trata-se simplesmente de "saudade dos bons tempos"? Mesmo admitindo hoje que o canto gregoriano deveria ser recuperado em determinadas situações, sem ser "confinado" como em outros tempos, contudo cremos que o significado profundo das indicações dadas pelos documentos aqui citados seja o de olhar para o canto gregoriano como a fonte de inspiração nem tanto da melodia em si, mas muito mais da correta composição litúrgica, que se mantém a serviço do texto e que exprime o momento celebrativo a respeito das diversas funções nele presentes[16]. Uma melodia claramente litúrgica, portanto, não existe. Em vez disso, existe a possibilidade de que todas as melodias, nas condições até agora aqui evocadas, possam estar a serviço da liturgia.

Por fim, essa consideração leva a sublinhar a importância da inculturação litúrgica no canto: trata-se de fazer de modo que, mesmo mediante o canto e a música, se funda de maneira oportuna o sentido do sagrado com o espírito, as tradições e as expressões características dos vários povos[17].

Todo povo tem o direito de celebrar o mistério da salvação obtida em Cristo, não criando linguagens e espaços "sacros", mas rezando e cantando com sua língua particular. "Desse modo a Igreja será para o Pai de Jesus Cristo, no Espírito Santo, o 'louvor do seu canto', revelado pelo vastíssimo espectro de suas linguagens terrenas. A Igreja, em sua catolicidade, deverá parecer um tecido universal, polifônico e sinfônico, guiado pelo Espírito de Pentecostes."[18]

---

14. SC 116, in: EV I, 211.
15. Cf. MS 56, in: EV II, 1022.
16. O canto gregoriano, por exemplo, não trata da mesma forma uma *antífona de entrada* e uma das *Vésperas*.
17. Cf. MS 61, in: EV II, 1027.
18. RAINOLDI, F., *Per cantare la nostra fede*, 1993, 118-119.

11

Gêneros e formas do canto litúrgico[1]

Gestos rituais que exigem o canto (uma abordagem)

a. Como foi visto há pouco, serão o próprio *rito* (os vários *gestos rituais* e as relativas *exigências funcionais*) e o *texto* proposto pelos livros litúrgicos que irão sugerir o gênero e a forma mais adequados para os cantos e as partes cantáveis na liturgia.

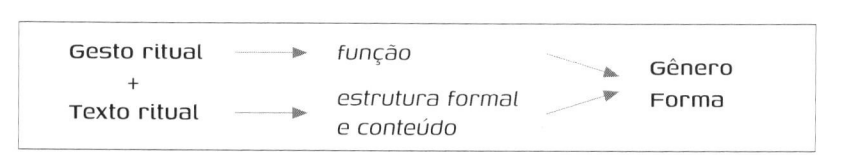

Gesto ritual + Texto ritual	→ função → estrutura formal e conteúdo	Gênero Forma

b. Um discurso sobre gêneros e sobre formas do canto litúrgico se reveste constantemente do discurso paralelo sobre os atores e/ou destinatários. Gesto ritual + texto podem exigir-sugerir gêneros solísticos, dialógicos ou corais (relativos à assembleia).

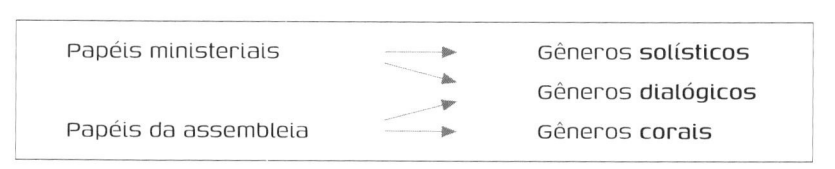

Papéis ministeriais	→	Gêneros **solísticos**
		Gêneros **dialógicos**
Papéis da assembleia	→	Gêneros **corais**

---

1. DURIGHELLO, G., *Corso di Musicologia Liturgica* (I), Scuola Diocesana di Musica per la Liturgia, Pádua, 1999 (apostilas). Gentilmente concedido pelo autor.

O CANTO E A MÚSICA COMO CELEBRAÇÃO

c. Propomos uma pequena síntese de gêneros tradicionais empregados na liturgia.

A esse respeito, é necessário recordar que:

- *na tradição latina* as formas e os gêneros do repertório de canto gregoriano nascem a partir dos textos rituais;
- *as traduções em língua portuguesa*[2] dos textos litúrgicos, pelo contrário, salvo poucas tentativas, não se tornaram de fato o material para os novos cantos na língua vernácula. Portanto, nem sempre o raciocínio poderá caminhar paralelamente com a experiência gregoriana. Em outros casos será necessário enfrentar e analisar as novas sugestões que, no âmbito do gênero e da forma, surgiram no seio da liturgia cantada em língua vernácula.

d. Uma primeira, mas fascinante abordagem ao mundo dos gêneros do canto litúrgico, é sugerido por uma via indireta pelo padre G. M. Rossi[3], quando configura um percurso de vocalidade falando de IN-SONÂNCIA, PER-SONÂNCIA e CON-SONÂNCIA.

| IN | ▶ | PER | ▶ | CON |

E, haja vista que uma reflexão sobre o canto litúrgico se baseia, como já dito, em tudo aquilo que na liturgia é Palavra (e... Silêncio), isso tem muito a ver com a "vocalidade", e nos parece útil tomar como ponto de partida essa trilogia: IN-PER-CON. De fato, a Palavra celebrada é a Palavra da nossa salvação, uma salvação que parte da EN-carnação, para se chegar à COM-união [comunhão] trinitária.

IN- A Palavra pede para entrar dentro de nós, para se tornar Palavra EN-*carnada*, e por isso deve ser IN-*vocada*. Podem estar já aqui presentes os dois momentos da *Encarnação* (a cruz, o compartilhar; e a ressurreição, a proclamação da vitória da vida sobre a morte).

---

2. O autor se refere aqui no original à língua italiana. Por outro lado, o que o autor afirma, serve em alguma medida também para a língua portuguesa. (N. da T.)
3. Cf. ROSSI, G. M., *Voce – Persona – Comunicazione* (dispense), CEI-ULN-Coperlim, Roma, 1995, 3-4.

A Palavra in-vocada é ainda e primariamente a palavra humana do "grito", que pode se tornar, portanto:

- *grito de invocação* ⟶ gênero litânico;
  (súplica, penitência)

- *grito de admiração* ⟶ aclamação
  (agradecimento, júbilo...)

PER- A Palavra que se fez em nós nos convida a ser "PER-SO-NAS" [= pessoas]. A "pessoa" era para os antigos a máscara colocada diante do rosto, de modo que por meio ("per") da máscara a voz "soava". Não nos é pedido para não sermos nós mesmos, mas de nos tornarmos Voz daquela Palavra que está em nós, quase um eco místico, no rito e na vida, da Palavra que se fez carne.

O gesto litúrgico que por excelência nos convida a isto, é o gesto da

- *pro-clamação* ⟶ recitativos...
  (leituras...)

CON- Por fim, a Palavra nos convida a ser já aqui na comunhão de Amor trinitário que será a nossa herança. Convida-nos a ser CON-sonância. A consonância deve ser cantada, significando que a salvação vem certamente a cada ser humano, mas para cada ser humano: é universal e nos abraça a todos, um por um. Então o canto se tornará realmente propedêutico para a harmonia futura.

- *con-vocação* ⟶ *gêneros corais*
  (gestos de comunhão; meditação...)

Do gesto ao gênero

Passamos, então, em rápida revista alguns dos principais gêneros de canto litúrgico, recordando que nem sempre será possível uma classificação clara; em muitos casos se poderá observar um intercâmbio entre os gêneros, no sentido de o mesmo gesto ritual poder ser interpretado em um ou mais gêneros musicais.

Mas é importante que nos eduquemos a partir "do gesto" para se chegar "ao canto".

O CANTO E A MÚSICA COMO CELEBRAÇÃO

a. IN-VOCAÇÃO
   gestos de súplica e aclamação – gênero litânico

O gesto de *in-vocação*, seja de súplica e/ou penitência, seja de aclamação-*júbilo* convida a adotar fórmulas imediatas e incisivas que miram o "chamar dentro o Nome sagrado".

Um dos gêneros mais adequados para realizar esse gesto é o *gênero litânico* que se caracteriza pela *insistência e a repetitividade das fórmulas de invocação*.

★ Súplica litânica

Gesto-função	Como foi dito, a oração litânica quer "chamar dentro o nome sagrado" por meio da *insistência e a repetitividade das fórmulas de invocação*.
Estrutura formal	*Intenção* ⟶ solista (mais ou menos elaborada) + *Invocação reiterativa* ⟶ coletividade (mais ou menos elaborada; a mais antiga é o *Kyrie eleyson*)
Caráter	A intenção: tem frequentemente um tom humilde, de submissão e implorante. A invocação: pode tomar também o caráter da aclamação.
Na missa	*Kyrie, Agnus Dei...* Na vigília do sábado santo, as Ladainhas dos santos; cf. também os Lamentos do Senhor da sexta-feira santa... Possuem estrutura litânica também as Orações dos fiéis...

★ A aclamação

Gesto-função	A aclamação não é propriamente um gênero, mas um gesto. É a expressão de – assentimento – entusiasmo – vividos como fato coletivo.
Estrutura formal	• Requer fórmulas elementares e incisivas, até mesmo limitadas a uma única palavra que se repete: *hosana, aleluia...*

128

Gêneros e formas do canto litúrgico

- pode assumir o gênero litânico, com uma invocação mais elaborada a que segue o grito aclamatório reiterativo,
- ou então, poderá se estruturar numa forma mais elaborada (cf. o *Sanctus*).

Destinatários Sendo um gesto coletivo, tem sentido somente se for executado coletivamente:

a. solo (fórmula de convite ou entonação) + todos,
b. *alternatim* solo-todos (cf. a antífona afro-americana),
c. todos (forma coletiva direta).

Caráter O gesto aclamatório prevalece por sobre o conteúdo textual (o qual, muitas vezes, pode ser muito "pobre") e frequentemente se amplia repetições, vocalizações...

Na missa O *aleluia*, a aclamação ao Evangelho no tempo da quaresma, o *tractus*, o *amém*, o *Deo gratias*, mas também os *hosana* do *Sanctus*. O *Sanctus* em sua totalidade é uma fórmula de aclamação, rica e elaborada.

b. A PRO-CLAMAÇÃO

O *gesto da "per-sonância"*, do tornar-se voz para a Palavra, se realiza na missa em diferentes momentos rituais com exigências funcionais próprias.

Do gesto ao gênero... o discurso se torna muito complexo e será necessário limitar-se aqui a apenas algumas indicações.

O gênero típico do gesto da proclamação é o *Recitativo*.

★ Os recitativos

Gesto-função e destinatários Os recitativos podem corresponder à função de:

a. *condução do rito*
   – *partes presidenciais*
     (*recitativo solístico: oração eucarística...*)
   – *partes dialógicas*
     (*recitativo dialógico: saudações, bênçãos, admoestações...*)
b. *oração coral* (cf. *pai-nosso*)
c. *proclamação da Palavra*

O CANTO E A MÚSICA COMO CELEBRAÇÃO

Estrutura formal

Aqui é importante o texto: a veste musical se torna conscientemente sóbria, funcional à inteligibilidade e clareza das palavras:
fórmulas de *entonação*, de *mediação* e de *fechamento* + *corda(s) de recitação*.

Atualmente o recitativo não está mais conforme a sensibilidade corrente e em vez de veículo "per-sonante" de mensagem é frequentemente sinônimo de monotonia, e, de fato, é evitado na liturgia. Entre as causas é possível individuar:

- de um lado a mutação do valor da "palavra" em nossa civilização;
- de outro lado, uma efetiva pobreza interpretativa em quem é chamado a proclamar: é necessário, junto com a interiorização, a união de certa capacidade técnica e de certo carisma vocal.

É necessário reavaliar com a importância da palavra, também a exigência de ser formados a uma decorosa e funcional arte proclamatória.
Finalmente, do ponto de vista das tipologias do recitativo[4], é possível escolher entre

- recitativos gregorianos antigos;
- o *recto tono*;
- recitativos modernos e cantilação (da qual se falará mais adiante).

★ A salmodia

Uma tratativa à parte merece a salmodia. A tradição cristã desde a antiguidade cultivou este modelo de oração reservando-lhe sempre um lugar de grande honra.
A salmodia é antes de tudo *uma técnica de proclamação em canto dos salmos*. E os salmos são Palavra de Deus e se tornam em nosso canto "a resposta que o homem oferece a Deus mediante as palavras de Deus".

Estrutura

+ **O texto**, não métrico, é estruturado em versículos (estíquios) compostos por dois hemistíquios;
+ **A técnica salmódica** consiste essencialmente em:
  - fórmula de entonação que leva a uma

---

4. Cf. em particular as "Melodie del Celebrante e dei Sacri Ministri" propostas no Missal romano (italiano).

Gêneros e formas do canto litúrgico

- corda de recitação (com ponto de mediação entre dois hemistíquios)
- e fórmula de fechamento.

Formas executivas e destinatários

No âmbito executivo a salmodia pode ser:

a. direta
- *solística* (a mais antiga)
- coral
- com coros alternados (antifonada simples)

b. intercalar
- *aleluiática* (salmos aleluiáticos) versículo [solista] + aleluia [assembleia]
- *responsorial* (normalmente o refrão é um versículo do salmo)
- *antifônica* (a dois coros: 1º antífona + versículo; 2º antífona + versículo...)

Na missa

Na missa o salmo encontra dois tipos de emprego:

a. na **Liturgia da Palavra**: o canto do salmo responsorial.
b. um versículo sálmico inserido em outros contextos (aclamatórios ou responsoriais). O texto do introito é sálmico.

Tons salmódicos e outras modalidades executivas

- tons salmódicos gregorianos
- outros tons antigos e modernos frutos, principalmente, da experiência de famílias religiosas e comunidades monásticas
- reto tom
- fórmulas de cantilação (cf. a salmodia de Gelineau[5]: uma espécie de recitativo, entoado a partir de poucas cordas de recitação, que tem por objetivo conferir relevo e expressividade ao texto)
- fórmulas em **falso bordão** e/ou **recitativo coral**.

---

5. Padre Joseph Gelineau, SJ (1920-2008) foi um compositor francês de músicas religiosas e litúrgicas; algumas de suas composições — *Cantai ao Senhor um canto novo*, por exemplo — são apreciadas e executadas até hoje no Brasil. (N. da T.)

O CANTO E A MÚSICA COMO CELEBRAÇÃO

C. A CON-VOCAÇÃO

Na missa, o gesto da "con-vocação" é vivido numa espiral que vai desde o *introito*, em que o povo é convocado em assembleia, até o momento coral do *ofertório* em que nossa vida, por meio dos dons do pão e do vinho, é oferecida sobre o altar; à *comunhão* eucarística com o Cristo que se imolou como oferta sacrifical e nos associou em sua morte e ressurreição para a comunhão eterna no amor trinitário.

INTROITO ▶ OFERTÓRIO ▶ COMUNHÃO

Na tradição da Igreja estes três momentos foram celebrados com os cantos processionais que constituem o *proprium missae*. Na liturgia em língua italiana, das três antífonas processionais permaneceram apenas a do *introito* e a da *comunhão*[6].

Em todo caso são, todavia, estes os momentos em que a liturgia recebe um colorido dos cantos do *Proprio* por meio de gêneros tradicionais de canto — ou mais modernos — que se buscará analisar rapidamente:

- a antífona (com ou sem o versículo sálmico)
- o hino
- o moteto
- o tropário
- a forma a modo de canção
- outros gêneros populares: louvação, coral...
- ...

★ A antífona

Da antífona ligada à prática salmódica à antífona como forma em si

A antífona toma nome da prática executiva antifônica da salmodia como intercalação, responso e, portanto, antífona. Em sua origem a antífona é uma composição breve que se intercala com os versículos sálmicos (cf. na missa, a *antiphona ad introitum, ad offertorium, ad communionem*).

---

6. Na liturgia celebrada no Brasil em língua portuguesa, assim como no caso italiano, permanecem as duas antífonas, nomeadas no Missal romano em uso no Brasil como "antífona de entrada" e "antífona da comunhão". (N. da T.)

Com o passar do tempo, a antífona se desenvolve também como forma autônoma sem o versículo(s) sálmico(s). As formas mais típicas são:

a. **Antífona – Versículo sálmico – Antífona**
b. **Antífona.**

Estrutura formal

Breve ou de proporções mais amplas, pode ser simples ou ornamentada (ferial ou solene) e se estrutura como forma aberta não estrófica.

★ O moteto

Quando se fala de moteto, principalmente nos documentos do magistério, refere-se sobretudo:

a. Ao **moteto de estilo palestriniano**: composição vocal polifônica em forma aberta, não estrófica; mas, à luz das experiências vividas de Palestrina até hoje, pode-se entender
b. **O moteto em sentido mais lato**:
   – composição geralmente polifônica (também com possibilidade de *alternatim* coro polifônico-povo a uma voz)
   – à capela ou concertada
   – de forma aberta ou estrófica
   – a partir de textos do *Proprium missae* ou, de todo modo, destinados às partes variáveis da missa

★ O hino

O texto

O texto dos hinos é *idiótico*, de livre invenção, e testemunha a exigência da Igreja de elevar a Deus uma oração pessoal, com palavras próprias.

Estrutura formal e destinatários

O texto é *métrico* com *estrutura estrófica*.
O caráter deseja ser imediato e incisivo, consoante a uma *destinação popular*. Portanto, também uma eventual elaboração para coro será mais ou menos homorrítmica.

Relação texto-música

Metricidade e estroficidade do texto, e exigências de instantaneidade e incisividade permitem que o elemento "música" tenha se justo relevo, capaz de realizar o gesto do con-vocar, do elevar juntos um "louvor a Deus cantado" (Santo Agostinho).

O CANTO E A MÚSICA COMO CELEBRAÇÃO

★ O tropário

O termo
O termo "tropário" nesta acepção não tem nada a ver com os antigos tropos e tropários e pode realmente gerar confusão. Contudo, no período pós-conciliar surgiu o uso de chamar de "tropário" um determinado gênero litúrgico estruturado deste modo:

Estrutura
- uma estância ou estrofe (A) terminante com um refrão (B)
- versículos (V) em *alternatim* com o refrão (B)
- ao final, retomada da estância ou estrofe (A) + refrão (B).

Cf., por exemplo, *In te la nostra gloria* [Em ti a nossa glória][7]

★ Outros gêneros a partir de textos de livre composição

a. A exigência de cantar a Deus com uma voz autenticamente pessoal e coral, de todo o povo, é uma exigência testemunhada desde a antiguidade entre experiências positivas e negativas, ortodoxas e heréticas.

b. Um exemplo fértil de produção de formas idióticas populares é possível de ser encontrado na experiência da Reforma. Entre os vários ritos houve uma fértil troca de experiências musicais e hoje, também no seio do catolicismo, há muitas melodias tiradas do repertório luterano ou calvinista ou anglicano.
   - do **Coral luterano**
   (cf. *O capo insaguinato* [Ó fronte ensanguentada], *Se tu mi accogli, Padre buono* [Se tu me acolhes, Pai bondoso])
   - Do **Saltério calvinista**
   (cf. *Quanta sete nel mio cuore* [Quanta sede no meu coração], *Come un cervo* [Como um cervo])
   - do **Canto anglicano**
   (cf. *Noi ti amiam, Signor* [Nós te amamos, Senhor])

c. Também *a cultura italiana*[8] sempre cultivou um anseio pessoal de cantar a Deus com palavras próprias. Ocorre recordar:

---

7. Música litúrgica italiana da década de 1960. A letra é baseada num texto paulino e entremeada com passagens do salmo 66; a autoria da música é de D. Stefani. (N. da T.)
8. Com maior razão se pode dizer a mesma coisa da cultura brasileira. (N. da T.)

- a **laude** (a laude monódica medieval; a laude filipina; as sucessivas produções de laudes religiosas).
- o **canto religioso popular** em língua latina e/ou italiana.
- a **canção**, em tempos mais recentes.

A laude — A laude, composição estrófica baseada em um texto idiótico em língua vernácula, é a composição religiosa popular típica da península itálica. Os vários exemplos, desde aquele do século XIII de Jacopo de Todi, ao do século XVI de São Felipe Neri e, passo a passo, de Santo Afonso Maria de Ligório (*Tu scendi dalle stelle* [Tu desces das estrelas]) até monsenhor Lorenzo Perosi, não são o fruto de um único processo evolutivo, do ponto de vista formal, mas pertencem, em todo caso, em sua diversidade, à mesma linfa criadora, que revela um fundo de caráter comum, tipicamente italiano.

O canto religioso popular — Desde a Idade Média até a primeira metade do século XX, com o repertório gregoriano a religiosidade popular muniu-se de um filão de cantos em língua latina, mas também em língua vernácula, capaz de responder às várias exigências rituais de liturgia oficiais e de práticas paralitúrgicas (procissões, vias-sacras...) ou de devoções particulares.

Em forma de canção — No século passado se impuseram na sensibilidade popular duas estruturas formais, que se reforçaram durante o nosso século por meio do fenômeno da música de consumo e da mídia, tornando-se referência da chamada música jovem:

a. A forma tripartite (a modo de romança): A B A

   e, principalmente

b. A forma com refrão (a modo de canção): estrofe + refrão.

★ O repertório gregoriano

Considera-se oportuno voltar a atenção para o repertório gregoriano, ao qual o magistério sempre reconheceu a primazia, como canto próprio da liturgia romana. Hoje, com o ingresso no rito da língua vernácula e de um novo repertório em língua viva, qual é/pode ser ainda o papel do canto gregoriano?

1. DO PONTO DE VISTA HISTÓRICO	É necessário esclarecer imediatamente que sob o nome de canto gregoriano convergem experiências repertoriais surgidas em diferentes momentos da história:

O CANTO E A MÚSICA COMO CELEBRAÇÃO

a. Gregoriano clássico e pós-clássico

O gregoriano "histórico"[9] se desenvolve em dois momentos:
1. O período clássico (até o século IX, aprox.): o repertório para a missa já está completo (*Ordo* e *Proprium*) e para o ofício;
2. O período pós-clássico (séculos IX-XII, aprox.): desenvolvimento do repertório de novas formas musicais-litúrgicas.

Ao longo da história esse repertório viverá uma vicissitude editorial desafortunada com retoques e manipulações (cf. no século XII, no âmbito cisterciense, a obra de remanejamento de Longport e Chelieu e, no século XVII a *Editio Medicea*) até a assim chamada restauração gregoriana feita pelos monges de Solesmes (estudo comparado das fontes, reconstrução das melodias a partir de critérios científicos e novas publicações).

b. Neo-gregoriano

O "neo-gregoriano": no período que vai do século XVII até o início do século XX (!), período do reinado da *Editio Medicea*, veem à luz melodias que se inspiram no gregoriano e que correspondem às exigências de uma execução popular-assembleiar.
Cf., por exemplo, as *Missas* de Dupont (século XVII), algumas das *antífonas marianas maiores* em tom simples, escritas por padre Poithier entre os séculos XIX e XX.

2. O GREGORIANO "HOJE"

No clima muitas vezes polêmico que caracterizou a praxe pós-conciliar, o período foi tornar o gregoriano uma bandeira de uma concepção litúrgica nostálgica do passado, adotando-o ou rejeitando-o conforme as diferentes posições, mas sem perceber, nem de um lado e nem de outro, a profunda riqueza e atualidade.

a. Como... repertório

Ele é ainda atual e pode, mesmo hoje, encontrar sem dúvida lugar na liturgia, talvez com oportunas modificações estudadas a fim de agilizar sua compreensão e fruição, seja se trate de um gregoriano... difícil e confiado à *schola*, seja se trate de um gregoriano silábico, com execução por parte da assembleia.

---

9. Cf. parte I: "As épocas romano-franca e romano-germânica da Liturgia".

Gêneros e formas do canto litúrgico

Principalmente nas celebrações de caráter universal-internacional deveria ser considerada a sua utilização; mas também nas paróquias (para esse fim foram editados alguns livros que trazem versões simples, cf. *Graduale simplex*). Será sempre a contextualização pastoral a ser guia nessa escolha.

b. Como... modelo

Para além da escolha em utilizar ou não o canto gregoriano nas nossas liturgias, é importante estudá-lo como exemplo-arquétipo para uma autêntica música litúrgica.

Ter o canto gregoriano como modelo não significa copiá-lo ou, ainda pior, revesti-lo com versões rítmicas italianas (desse modo, *Regina caeli* se torna *Regina del ciel*... [Rainha do céu...], nesse caso, é melhor ou o canto gregoriano latino ou um novo canto em italiano!).

Queremos propô-lo como modelo, por força de sua profunda adesão ao texto ritual (simbiose som-palavra) e às exigências funcionais dos vários gestos rituais. De fato, ele:

- responde aos gestos e às funções dos vários momentos rituais com um gênero apropriado;
- cobre todo o arco do ano litúrgico e as várias festas e solenidades;
- oferece versões simples-silábicas e versões solenes...

Um compositor que se dedique "hoje" a escrever um canto para a liturgia encontrará realmente uma grande utilidade no estudo desse repertório.

12
Música e canto gravados

Um dado de fato

É inegável que em muitas comunidades existe uma notável pobreza em relação à música e ao canto litúrgicos. A falta de um coro e, mais ainda, também de um simples cantor ou animador musical, impulsionou muitos pastores a recorrer aos modernos meios técnicos não apenas para sustentar o canto, mas também para usá-lo como substituto ao canto da assembleia. Esse fenômeno foi certamente favorecido também pelo desenvolvimento das técnicas de reprodução sonora e o melhoramento dos instrumentos de difusão sonora. Por outro lado, alguém afirma: é melhor do que nada. Será realmente isso?

As normas e as motivações

A Conferência Episcopal Italiana em suas *Precisazioni al Messale romano* [Esclarecimentos sobre o Missal romano] usa poucas palavras: "A música gravada, tanto instrumental quanto vocal, não pode ser usada durante a celebração litúrgica, mas apenas fora dela para a preparação da assembleia"[1].

A motivação dessa proibição explícita é logo em seguida afirmada: "Tenha-se presente, como norma, que o canto litúrgico é expressão da viva voz daquele determinado povo de Deus que está recolhido em oração"[2]. Rezar cantando é um ato de culto e, como tal, feito pelo ser humano "vivente" e pela sua "viva voz". Alegria, fé, esperança, dor, em-

---
1. CEI, *Precisazioni*, 13.
2. Idem.

penho, arrependimento, tudo é exaltado pelo canto. Como esses sentimentos tão profundos poderiam ser substituídos por uma "voz ou música gravadas"? Nada substitui a ação de pessoas de carne e osso! Evidentemente, mais que a canção, vale o cantar!

A música gravada a serviço da assembleia que canta

Portanto, o uso de canto e música gravados na celebração litúrgica é errado, inoportuno e por isso, desaconselhável.

Em vez disso, o uso de CD's, cassetes, para a música de fundo ou para os ensaios de canto é algo útil e recomendável, mas apenas para a finalidade de guiar e sustentar a assembleia[3].

---

3. Cf. MADURGA, J., *Celebrare la salvezza*. *Breve introduzione alla liturgia per gruppi liturgici*, Cinisello Balsamo (MI), 1999, 219.

13
Subsídios para a música e o canto

Revistas de música para a liturgia

As revistas de música litúrgica presentes no panorama italiano são relativamente poucas. Oferecem uma atualização da produção de cantos voltados para a liturgia segundo um estilo musical que, baseada na harmonia clássica, passeia pelo neomodalismo e pela linguagem própria da canção. Nestes últimos anos percebe-se um particular cuidado pelo texto literário baseado na Palavra bíblica ou nela inspirado.

- A revistas principais são:
    - "Musica e assemblea", trimestral, Edizioni Dehoniane, Bolonha.
    - "Celebriamo", bimestral, Edizioni Carrara, Bergamo.
    - "Armonia di voci", trimestral, Edizioni Elledici, Leumann-Turim.
    - "Poliphonia", Edizioni Carrara, Bergamo.
- Existem revistas dedicadas também à atividade do órgão a serviço da liturgia:
    - "Arte organaria e organistica", Edizioni Carrara, Bergamo.
    - "Organistica", Edizioni Carrara, Bergamo.

O CANTO E A MÚSICA COMO CELEBRAÇÃO

- Na Itália, os principais repertórios de música para a liturgia são:
  - *Nella casa del Padre*, Elledici, Leumann-Turim.
  - *Lodate Dio*, Edizioni Carrara, Bergamo.
  - *Repertorio nazionale di canti per la liturgia*, Edizioni CEI, esgotada.

  Outros repertórios estão também presentes no território italiano. Trata-se de coletâneas de cantos litúrgicos, que muitas dioceses selecionam em grande parte pelos títulos já indicados acima, para um repertório adequado à própria igreja particular.

14

Documentos sobre a música e o canto litúrgicos

Para que possa servir como guia, agora se dará uma rápida olhada nos documentos mais importantes da Igreja, que fornecem indicações sobre a música e o canto litúrgicos.

Neste âmbito, os pontos de referência em relação à doutrina oficial da Igreja devem ser buscados na *Constituição sobre a liturgia* (especialmente o n. 6) do Vaticano II (1964), na instrução pós-conciliar *Musicam Sacram* (1967), nos *Princípios e normas para o uso do Missal romano* (1970), nos *Princípios e normas para a liturgia das horas* (1971). Ademais, a comissão episcopal para a liturgia da Conferência Episcopal Italiana publicou (1983) a nota *Il renovamento liturgico in Italia a vent'anni dalla Costituzione conciliare "Sacrosanctum Concilium"* [*A renovação litúrgica na Itália após vinte anos da Constituição conciliar "Sacrosanctum concilium"*].

A Constituição sobre a liturgia

É justamente daqui que parte uma nova concepção sobre o canto litúrgico.

Esse documento dedica um capítulo inteiro (o VI) ao canto e à música litúrgica.

Em primeiro lugar é reafirmada a dignidade da música sacra, que é parte necessária e integrante da liturgia[1].

A *Sacrosanctum Concilium* descreve o *munus ministeriale* da música sacra afirmando que com ela se exprime com maior doçura a oração, se

---

1. Cf. SC 112, in: EV I, 201-204.

O CANTO E A MÚSICA COMO CELEBRAÇÃO

favorece a unanimidade e se enriquecem com maior solenidade os ritos sagrados[2].

Mesmo sustentando a função dos corais, a SC sublinha a importância da participação ativa no canto de toda a assembleia litúrgica[3], permite usar outros instrumentos além do órgão, desde que "sejam adequados para o uso sacro ou a ele se possam adequar, convenham à dignidade do templo"[4] e sejam adequados à pastoral[5].

Deve-se reconhecer um papel importante à formação musical e litúrgica: nos seminários, nos institutos religiosos, para os musicistas, cantores e para todos aqueles que trabalham na liturgia por meio da música. Com essa finalidade se expressa o desejo da criação de institutos superiores de música sacra[6].

A Instrução Musicam Sacram

No dia 15 de março de 1967 a Sagrada Congregação para o Culto Divino publicou o documento *Musicam Sacram*, com a finalidade de aplicar os ensinamentos do concílio no âmbito da música litúrgica.

Em síntese, o documento reconhece quatro categorias de música adequada ao culto: o canto gregoriano, a polifonia antiga e moderna, a música sacra para o órgão e para os outros instrumentos permitidos, e a música sacra popular. A Igreja, portanto, "não exclui algum tipo de música sacra das ações litúrgicas, contanto que a música corresponda ao espírito da mesma ação litúrgica e ao caráter dos indivíduos, e não é um obstáculo para a necessária participação ativa dos fiéis"[7].

Ao se orientar em direção a uma plena, ativa e consciente participação dos fiéis, o documento esclarece ainda quais são as tarefas e responsabilidades do celebrante, do coro e da própria assembleia[8].

Acerca do uso dos instrumentos musicais se reafirma que eles são de grande utilidade nas celebrações litúrgicas, "quer acompanhando o canto, quer tocando sozinhos"[9].

---

2. Cf. SC 112-113, in: EV I, 201-206.
3. Cf. SC 114, in: EV I, 207.
4. SC 120, in: EV I, 219.
5. Cf. Ibidem.
6. Cf. SC 115, in: EV I, 208-210.
7. MS 9, in: EV II, 975.
8. Cf. MS 13-26, in: EV II, 979-992.
9. MS 62, in: EV II, 1028.

Documentos sobre a música e o canto litúrgicos

Outros documentos[10]

Agora se fará um breve aceno a outros documentos que tratam da música litúrgica.

- *Princípios e normas para o uso do Missal romano* (1970): aplicam os princípios dos dois documentos anteriores na celebração da missa.
- *Princípios e normas para a liturgia das horas* (1971): aplicam os princípios dos dois documentos anteriores na celebração da Liturgia das Horas.
- *A renovação litúrgica na Itália após vinte anos da Constituição conciliar "Sacrosanctum concilium"* (1983): nesse documento, a Comissão Episcopal para a liturgia da Conferência Episcopal Italiana propõe, ainda que brevemente, a visão do *status quo* do canto e da música litúrgica na Itália e exprime o desejo de uma produção musical sempre mais adequada às exigências litúrgicas. Em seguida convida a favorecer de todas as maneiras uma correta formação litúrgica e musical de todos os "atores": presidente, assembleia, animadores musicais, coro... para uma participação sempre mais ativa.
- O *Repertorio nazionale di canti per la liturgia* [*Repertório nacional de cantos para a liturgia*]: organizado pela Comissão Episcopal para a liturgia da Conferência Episcopal Italiana e publicado em 6 de janeiro de 2000. Apresenta um repertório de cantos, em sua maioria em italiano e alguns em latim com a tradução anexa, escolhidos por publicações editadas na Itália nos últimos trinta anos[11]. A finalidade dessa publicação é conferir "novo vigor à 'arte do celebrar', restituindo a beleza e a expressividade da ação do canto, parte integrante da li-

---

10. No que diz respeito às orientações e documentos da Conferência Nacional dos Bispos no Brasil, citamos os documentos: CNBB, *Estudo sobre os cantos da missa*, São Paulo, Paulinas, 1976; CNBB, *Pastoral da música litúrgica no Brasil*, São Paulo, Paulinas, 1976; CNBB, *A música litúrgica no Brasil*, São Paulo, Paulus, 1998 (Estudos da CNBB, 79). Para uma visão mais abrangente sobre os comunicados da CNBB e demais publicações, remetemos à tese doutoral intitulada "Música Brasileira na Liturgia", do musicista Prof. Dr. Márcio Antônio de Almeida. Disponível em: https://repositorio.unesp.br/bitstream/handle/11449/108805/000772012.pdf;jsessionid= 314D3D2500FC7DD26AA8EEC7F5AFB897?sequence=1, acesso em 1º ago. 2019, além de texto anexo do Padre José Weber. (N. do E.)
11. Cf. CEI – Commissione Episcopale per la Liturgia, *Repertorio nazionale di canti per la liturgia*, Roma, 2000, 4.

turgia da Igreja"¹². É óbvio que não pode vir ao encontro de todas as exigências das várias comunidades e não quer nem mesmo impedir a publicação e o uso litúrgico de outros cantos, mesmo novos: é apenas um subsídio de referência¹³. "O critério prioritário que conduziu a seleção é o da pertinência ritual. É indispensável que toda intervenção cantada possa se tornar um elemento integrante e autêntico da ação litúrgica em ato. Esse mesmo critério deveria ser, para todos e em toda ocasião, o primeiro e principal ponto de referência."¹⁴

Esse repertório quer responder a uma exigência dupla: "assinalar e tornar disponíveis os cantos adequados às celebrações litúrgicas, partindo da produção tradicional e da dos últimos decênios [...]; difundir, mediante as escolhas feitas, alguns critérios de localização e seleção dos cantos, que auxiliem a escolha de modo mais cuidadoso no âmbito local"¹⁵.

Leva-se em consideração principalmente a celebração eucarística, o culto eucarístico e a celebração das exéquias. Intencionalmente deixou-se de lado os cantos para a celebração dos outros sacramentos, os usados na Liturgia das Horas e, finalmente, os cantos para os pios exercícios e a piedade popular¹⁶. Por fim, é sublinhado o ministério litúrgico do canto, ao qual participa, em primeiro lugar, toda a assembleia sustentada pelo coro, ou por uma *schola*, pelo solista, pelo presidente, pelo diácono... conforme o seu papel ministerial¹⁷.

Observação: Muitos dos documentos citados podem ser encontrados no volume organizado por Pierangelo Ruaro, *Cantare la nostra salvezza*. Testi ufficiali sul canto e sulla musica nella liturgia, Messaggero, Pádua, 2002¹⁸.

---

12. Idem, *Premessa*.
13. Idem, 5.
14. Idem, 6.
15. Idem, 2.
16. Cf. Idem, 3.
17. Idem, 8-10.
18. Para o Brasil, ver o texto anexo do Padre José Weber. (N. do E.)

Quarta parte
PROPOSTAS PASTORAIS

"Na concórdia de vossos sentimentos
e da vossa caridade,
Jesus Cristo é cantado".

(Inácio de Antioquia)

1
Iniciar o povo de Deus à linguagem musical

Uma vez tendo recuperado o significado profundo da participação ativa, exigida de todo fiel presente na assembleia litúrgica, segundo os carismas e tarefas de cada um[1], o concílio ecumênico Vaticano II indicou no canto uma forma eminente dessa participação.

À luz da reforma litúrgica, o cantar, unido à escuta, à oração, ao silêncio e a outras diferentes ações rituais, é, em primeiro lugar, um sinal de participação ativa[2], um sinal que se faz necessário e integrante da liturgia[3]. O canto é elemento ritual portador de um valor simbólico-sacramental insubstituível e irrenunciável e não simplesmente elemento de ornamentação ou "roupa de domingo" para as solenidades e festas. Ele entra na nova liturgia não primariamente como obra de arte, mas como ação significativa posta em ato pela assembleia. À liturgia não é necessário apenas o canto, mas principalmente uma assembleia que cante, uma assembleia que exprima com o canto a fé e o louvor. É a assembleia reunida em nome do Senhor que, cantando, se torna sinal litúrgico "necessário e integrante"[4].

Celebrar cantando é, portanto, o modo de celebrar típico dos cristãos, é o modo para tornar sua celebração autêntica e completa.

Encontrar uma assembleia que, inteira, canta com alegria a sua piedade e sua fé[5] no Cristo ressuscitado é o que de melhor cada cristão e

---
1. Cf. SC 28, in: EV I, 46.
2. Cf. SC 30, in: EV I, 49.
3. Cf. SC 112, in: EV I, 201.
4. Ibidem.
5. Cf. MS 16, in: EV II, 982.

PROPOSTAS PASTORAIS

cada pastor possa desejar e procurar no dia do Senhor e em qualquer outro dia de festa, mas, infelizmente, esta não é uma experiência que acontece com muita frequência em nossas igrejas.

Frequentemente, em nossas liturgias se percebe certo desconforto no momento do canto. Geralmente inicia com dificuldade, continua mais ou menos, é cantado por alguns, mas esnobado por outros, ou porque as canções são sempre as mesmas, ou porque (situação ainda mais triste), percebe-se, de fato, que não se sente, na assembleia, a necessidade de cantar. Às vezes, também, a sensação é de que se canta apenas "por cantar", pois está previsto no *script*, e não por outro motivo.

Há que se perguntar: O que fazer para ajudar nossas assembleias a exprimir sua fé também recorrendo ao canto? O que fazer para que uma assembleia cante na liturgia, ou melhor, cante a liturgia?

Conscientes do fato de que não se chega de um dia para o outro a uma assembleia que canta, mas apenas depois de um longo, paciente e constante trabalho de persuasão e formação, se buscará propor algumas linhas de ação que possam dar uma resposta, ainda que parcial, ao quesito enunciado.

2
Recriar o ambiente vital da música e do canto litúrgicos

Conseguir fazer a assembleia cantar é fruto de um longo trabalho que envolve não apenas as cordas vocais das pessoas, mas principalmente o estilo de vida, a maneira de se sentir comunidade e de colaborar ativa e responsavelmente para sua edificação. Por isso é apenas com base em um contexto de evangelização e catequese que se poderá obter resultados positivos também no que diz respeito a uma participação sempre mais ativa à liturgia por parte de nossas assembleias.

Não é um erro se se disser que na base de certo cansaço e má vontade em cantar, presentes em nossas assembleias, esteja hoje certa indiferença diante do evento da Páscoa do Senhor e diante da palavra viva do Evangelho com sua carga explosiva. Talvez, caso se deseje que as pessoas voltem a cantar espontaneamente em nossas igrejas, seja necessário convidá-las novamente à escuta da Palavra de Deus, para que se deixem invadir por ela, para que ressurjam no fundo do coração as motivações de fé, de esperança e de caridade, pois, provocando surpresa e alegria, somente com o canto podem ser comunicadas adequadamente. É necessário recriar o ambiente vital do canto e da música litúrgicos, no momento que o canto do cristão nasce e tem sentido apenas em sua fé.

Para não ser corpos estranhos ou elementos autônomos em si mesmos, válidos unicamente por razões estéticas, o canto e a música para a liturgia devem provir da vida cristã. É ela o lugar em que nasce o canto, em que nasce a alegria e o gosto pelo cantar. Não é possível pretender que os cristãos cantem na liturgia se o canto é, no máximo um apêndice da vida cristã e não uma expressão inseparável e necessária.

O ambiente vital da música e do canto na liturgia é a vida cristã, é a vida vivida em Cristo e na igreja: a esta é necessário retornar para uma participação mais ativa do povo de Deus à celebração de seu amor, manifestado em Cristo Jesus.

3
Um projeto, um programa e uma regência atenta à assembleia que celebra

Celebrar com o canto e a música faz parte do projeto e do programa da igreja em oração e por isso, com a finalidade de uma animação frutuosa do canto em nossas assembleias, é indispensável elaborar um projeto e um programa claros da celebração, com uma atenciosa regência, um número de pessoas competentes e subsídios idôneos. É o que se requer de todo bom animador litúrgico e musical, infelizmente demasiadas vezes ausente em nossas comunidades cristãs.

Concretamente, uma correta e digna animação da assembleia que reza cantando, em linhas gerais, serão obtidas se:

- será claro o objetivo concreto e o estilo da celebração;
- se dará atenção ao conteúdo dos cantos e à sua conveniência para a assembleia que celebra;
- se respeitará o gênero literário e a estrutura musical do canto;
- se encontrará o lugar adequado do canto e o equilíbrio com o conjunto da celebração.

Objetivo concreto e estilo da celebração

Porque o canto e a música estão sempre em função dela e nunca são fim em si, sua finalidade primária será evidenciar a mensagem e a espiritualidade da celebração dentro da qual eles estão inseridos. É esta a condição indispensável para que canto e música não se transformem de meios privilegiados em obstáculos à participação.

Graças ao canto e à música, com outros elementos a serem colocados em evidência pouco a pouco em cada celebração, a assembleia, quando se reúne, deveria perceber o sentido da celebração em que pretende participar[1]. Assim, seria estimulada a viver com maior consciência o mistério que celebra, favorecendo uma participação mais ativa expressa também por meio do canto.

Conteúdo dos cantos e sua conveniência para a assembleia que celebra

É fundamental que os cantos escolhidos mostrem a essência do mistério e do tempo litúrgico que se celebra e, ao mesmo tempo, sejam condizentes à assembleia presente. É necessário então a escolha de cantos que apresentem conteúdos adequados à sensibilidade espiritual e à preparação bíblica da assembleia que celebra.

Cantar "isto ou aquilo" deve ser mensurado a partir da assembleia. Esta é a condição fundamental para que cada comunidade possa exprimir sincera e verdadeiramente seu canto e sua oração.

É necessário então levar em consideração as possibilidades efetivas daqueles que devem cantar[2].

O número de pessoas presentes, a frequência das reuniões da assembleia, sua homogeneidade ou heterogeneidade, são elementos determinantes para a escolha dos cantos. O canto, para ser verdadeiro, deverá ser escolhido levando-se em conta aquela precisa e determinada assembleia para a qual ele está destinado; a ela se deverá pedir para cantar e exclusivamente aquilo que efetivamente ela é capaz de cantar. Isso não significa nivelar tudo por baixo, mas muito mais dirigir-se para o alto, guiando a assembleia, para que melhore a participação e as expressões musicais e de canto, objetivando a uma equilibrada e progressiva reno-

---

1. Um pôster, algo escrito, um símbolo, mas também um alegre fundo musical do órgão ou de outros instrumentos, ou a repetição dos cantos que serão executados ao longo da celebração, podem ser a ocasião para "prender" de longe a atenção dos participantes e para tornar o espaço celebrativo mais acolhedor e familiar.
2. Cf. MS 9, in: EV II, 975.

vação de repertório[3], para que o seu canto se aproxime sempre mais da expressão do inefável de Deus, que se revela e se doa em Jesus Cristo, e do inefável do ser humano, que acolhe e agradece, sempre em Cristo, por Cristo e com Cristo.

Os cantos, os instrumentos, as vozes e as músicas, de fato, devem servir ao Senhor e ao cristão enquanto a ele está unido. A assembleia cristã deve se apresentar à convocação litúrgica com um material humano sempre mais adequado para o revelar-se de Cristo e capaz de exprimir na melhor maneira sua resposta, na forma e no conteúdo, de modo que ao menos se aproxime o mais possível à resposta do Cristo.

Gênero literário e estrutura musical

Caso se queira que uma assembleia participe ativamente da liturgia mediante o canto e a música, é necessário que o gênero literário e a estrutura musical do canto correspondam ao nível cultural da assembleia. É necessário que ela sinta cada canto que lhe é proposto como seu "próprio" canto; é necessário que ele lhe fale, mantendo-se na mesma "frequência de onda".

É arriscado, em uma assembleia composta prevalentemente de crianças, usar cantos com textos "fortes" e destinados a adultos, ou, também, usar expressões infantis para uma assembleia de adultos.

O respeito à natureza de cada canto também contribui para se obter uma válida e correta animação de uma assembleia que reza com o canto e a música. Há alguns cantos que exigem o solista, outros o aporte de um coro, outro ainda a intervenção de todos, outros um determinado tipo de acompanhamento; há hinos, aclamações, formas litânicas, salmos, recitativos, responsórios, canções... pois bem, o respeito a todas estas diversas formas de canto ajuda a descobrir a beleza e a variedade e evita todo tipo de rebaixamento musical a formas estereotipadas.

Educar e se educar ao respeito de cada estrutura musical ajuda a assembleia e quem a dirige a cantar com maior alegria e entusiasmo, pois assim resulta mais evidente a beleza, a importância e o significado do sinal do canto na liturgia.

---

3. Toda celebração de certa relevância, durante o ano litúrgico, pode ser ocasião propícia para se dar qualitativamente e quantitativamente um passo adiante na formação do repertório.

Lugar do canto e equilíbrio dentro do conjunto da celebração

Todo canto deve penetrar de modo realista no momento ritual que lhe for mais consoante. Há funções e momentos diversos numa mesma celebração, assim, devem existir cantos que se adaptem a cada um desses momentos. É necessário que haja variedade de cantos, que melhor se adaptem aos elementos rituais. Não há dúvida, com efeito, de que na base de muitos cantos tenha havido um uso obsessivo e indiscriminado, a ponto de poderem ser definidos como "cantos para todos os momentos"[4]. Não é possível pretender que uma assembleia cante com entusiasmo se se cantam sempre as mesmas canções!

Também "rechear" com cantos uma celebração, na tentativa de "deixá-la mais animada", é um erro que é preciso evitar. A participação ativa aumenta se a celebração se apresenta simples e linear, equilibrada e esclarecedora em todos os momentos. Dificilmente a assembleia irá cantar se, em uma mesma celebração, se canta a toda hora. Com certeza ela logo se cansará. Pelo contrário, uma correta e proveitosa animação prevê a escolha de poucos cantos, mas significativos e incisivos, que possam dar luz e relevo ao rito, força e clareza para a mensagem, calor e eficácia para a participação.

Para encerrar este breve guia destinado à participação sempre mais ativa da assembleia, por meio do canto e da música na celebração litúrgica, se considera útil evocar as leis que deveriam ser levadas em consideração na elaboração dessa programação. São elas:

- *A lei da verdade* — Esta lei exige que canto e música na celebração sejam intrinsecamente correspondentes, adequados e fiéis, principalmente, às pessoas que nela se exprimem[5], em seguida à comu-

---

4. Pense-se, por exemplo, nos cantos *Symbolum 77* [Tu és minha vida], *Esci dalla tua terra* [Sai de tua terra], *Noi canteremo gloria a Te* [Nós cantaremos glória a ti], *Resta con noi...* [*Fica conosco...*], cantos "meritórios", mas executados com desenvoltura durante o Natal, Páscoa, nos casamentos, nos funerais e em tantas outras situações litúrgicas. [Também aqui os leitores poderão certamente lembrar de cantos brasileiros que são cantados desse modo: canta-se apenas porque são do gosto da assembleia e frequentemente não se leva em consideração o tempo litúrgico ou a ação ritual; é o caso, por exemplo, do "Te amarei, Senhor" e de tantos outros. (N. do E.)]
5. Canto e música devem responder ao nível de maturidade da fé das pessoas que participam e ao domínio que elas atingiram a respeito dos meios expressivos da música e do canto em si.

nidade[6] e, finalmente, à fé e ao evento professados e vivenciados na específica ação litúrgica celebrada[7].

- *A lei do crescimento e da gradualidade* — A partir da fidelidade às pessoas e à comunidade deriva a lei da pedagogia progressiva, que respeita tanto o seu nível de maturidade, quanto o seu ritmo de crescimento. Essa lei está a serviço de, cada vez mais, uma vital e coerente inserção do canto e da música na liturgia[8].

- *A lei da criatividade* — A verdadeira criatividade, que não deve ser confundida com a produção de fórmulas externas bizarras, surge a partir da presença mistérica de Deus, que reúne os seres humanos para comunicar-lhes o seu desenho de amor.

"A criatividade das expressões concretas da celebração, e consequentemente também do canto e da música, se desenvolve na tentativa de exprimir, com uma linguagem sempre mais consoante, o mistério de Deus que salva, e no esforço de participar no simbolismo dos gestos litúrgicos que revelam e comunicam a salvação e a vida de Deus."[9]

Na relação dialética entre o rito, que tende de per si à repetição uniforme e estilizada, e a unicidade de cada evento celebrativo, abre-se espaço para uma sadia criatividade. Respeitando o rito litúrgico, a criatividade autêntica utiliza os elementos previstos pela celebração e os transforma num lugar de encarnação do amor de Deus.

Também a música e o canto devem pertencer a essa lógica celebrativa.

---

6. Enquanto parte de um povo concreto, cada comunidade possui sua própria língua, seus próprios sinais e símbolos para comunicar. O canto e a música devem corresponder ao mundo cultural de cada comunidade que com eles deseja comunicar a própria fé.
7. Canto e música, de algum modo, devem sempre exprimir aquilo que, mesmo com estes, se deseja celebrar.
8. Cf. MS 7, in: EV II, 973; MS 28, in: EV II, 994; MS 38, in: EV II, 1004.
9. FRATTALLONE, R., *Musica e liturgia. Analisi della espressione musicale nella celebrazione liturgica*, Roma, ²1991, 135 (Biblioteca "Ephemerides liturgicae", Subsidia, 31).

4

Animar a assembleia que canta

Projetar e programar a celebração em vista de uma participação plena e ativa mediante o canto e a música é fundamental, mas não é ainda suficiente: faz-se também necessária a animação concreta da assembleia que canta. A assembleia será ajudada a cantar não apenas mediante escolhas operativas feitas no momento da programação, mas também mediante a ação paciente e discreta de um animador que ensine, introduza e guie os cantos que a ela são propostos para a celebração.

Ensinar os cantos

É impossível pensar e pretender que uma assembleia cante se ela não foi adequadamente preparada. A assembleia tem necessidade de experimentar os cantos da celebração, tem necessidade de adquirir sempre maior segurança para a sua execução[1].

Nunca se insistirá suficientemente a respeito disso: é necessário encontrar tempo e modo para se dedicar, ainda que sejam poucos minutos, para repassar ou reaprender os cantos antes da celebração. Sabe-se o quão é difícil obter isso, contudo, é necessário conduzir, em relação à assembleia, uma ação assídua de persuasão e de convencimento, talvez explicando à assembleia a utilidade dessa intervenção, visando a participação realmente digna do mistério que se celebra. Ou se consegue convencer a assembleia sobre este ponto ou se correrá o risco de "empurrar com

---

1. "Mediante uma adequada catequese e com exercícios práticos se conduza gradativamente o povo a uma plena participação em tudo aquilo que lhe espera"; MS 16b, in: EV II, 982.

a barriga" o canto de qualquer maneira, e continuar cantando sempre as mesmas canções.

Será tarefa do animador musical da assembleia, caso haja, ou de quem desempenha o papel, encontrar fórmulas adequadas para se conseguir uma aprendizagem ágil e prazerosa do canto por parte da assembleia.

Introduzir os cantos

Depois de ter escolhido o canto adequado, conforme o mistério que se celebra, o momento ritual em que se deseja intervir e a disponibilidade de ministros e executores, e tê-lo ensinado à assembleia mediante oportunos ensaios, será tarefa do animador introduzir ou apresentar o canto ou, melhor, predispor a assembleia a ele. Não se trata de comentar o canto, nem de explicá-lo, pois se correria o risco de esvaziar o sentido do cantar, mas seria interessante inserir uma introdução catequética e ritual a ele.

A essa introdução se propõe três finalidades:

◉ A primeira finalidade é facilitar à assembleia compreender o momento ritual em que se propõe o canto e, ao mesmo tempo, ajudá-la a perceber o sentido geral do canto em si, fazendo que ela possa intuir o espírito expresso pelo texto e dispondo-a a viver ativamente a passagem ritual em cuja lógica o canto se insere. Isso implica que o animador tenha reconhecimento do número de espaços úteis para suas intervenções; que ele tenha bem aprofundados os significados textuais, litúrgicos e musicais e também culturais do canto escolhido; que saiba sugerir e evocar os valores essenciais do canto e sua função ritual, objetivando sua interiorização. Para isso, pode-se referir ao conteúdo do texto, à sua consonância com o rito e à sua forma, quando esta confere relevo a algum valor da própria celebração.

Para anunciar e apresentar assim um canto, basta, por vezes, uma breve evocação das leituras bíblicas escutadas, ou então, a algum texto litúrgico da celebração; também um silêncio oportunamente introduzido pode ajudar a assembleia a se predispor ao canto.

◉ A segunda finalidade é esclarecer e reforçar as motivações que estimulam a intervenção em forma de canto.

Já tivemos a possibilidade de sublinhar que a frieza, a reserva e o embraço que se percebem nas assembleias chamadas a participar com o canto numa celebração, são sem dúvida determinados pela pouca reflexão sobre o significado do cantar na liturgia.

A ele, o cantar, é necessário reconduzir os fiéis mediante uma obra de formação promovida com paciência e zelo[2].

O animador, apresentando o canto, deve fazer a assembleia sentir que o cantar não é um gesto arbitrário ou autoritário, nem um intervalo de expectativa, mas uma parte integrante da liturgia[3].

Numa cultura onde há a prevalência da escuta distraída, como é a nossa, parece indispensável exortar ao canto na liturgia, ou melhor, a cantar a liturgia, sem falsos pudores e sem presunções ilusórias.

◉ Terceira e última finalidade da introdução ao canto é capacitar a assembleia a cantar com relativa facilidade.

Apresentar o canto significa também dar à assembleia uma série de informações práticas e técnicas que a predisponham ao canto. Assim, com clareza e simplicidade o animador deverá informar a assembleia sobre o título do canto, sobre o lugar onde é possível encontrar o texto e sobre o modo de execução.

Para concluir estas reflexões, permanece ainda a ser sublinhado apenas que a introdução dos cantos por parte do animador deverá sempre aparecer como elemento de passagem e de serviço; deve-se evitar deformações e excessos, que se originam sempre do despreparo e da imaturidade.

Improvisação, atitude impositiva, divagações e imprecisões não convêm a uma boa apresentação do canto, a qual, pelo contrário, deverá ser clara, informando sobre todos os elementos exigidos; breve, para agilizar e não impedir ou retardar a ação do canto, e, finalmente, eficaz, evitando tudo o que distrai ou ultrapassa os limites.

Dirigir o canto

A presença de um dirigente de canto requer uma atitude firme, útil, e dela, em geral, a assembleia não deve abrir mão.

Dirigir o canto significa seguir de perto este frágil modo de rezar, fazendo o mínimo necessário, sem intervir de modo desajeitado e inoportuno, mas garantindo uma presença discreta e eficaz.

---
2. Cf. MS 18, in: EV II, 985.
3. Cf. SC 112, in: EV I, 201.

A assembleia, para ser ajudada no canto, tem necessidade de uma pessoa que lhe dê o início preciso, o andamento rítmico correto, a justa articulação nas intervenções do coro ou cantor solista e as intervenções dos instrumentistas; tem necessidade de uma presença que lhe ofereça uma sustentação, gestos precisos, convidativo e assegurador; tem necessidade de uma presença que a coloque à vontade para que possa cantar de coração.

5

Questionamentos...

O que fazer para que uma assembleia cante?
Ao longo deste capítulo tentou-se dar uma resposta — clara, espera-se — a esta pergunta.

Houve a proposição de três tipos de intervenções pastorais: uma catequese de base para recriar o ambiente vital da música e do canto litúrgico; uma programação cuidadosa e responsável — bem como criativa — que fosse fiel à pessoa, à comunidade e ao evento celebrado; uma animação concreta, válida e incisiva da assembleia que celebra com o canto e a música.

Certamente não se poderá ter a pretensão de se obter sempre os resultados esperados, contudo é necessário "não abandonar" e continuar a trabalhar em vista de uma participação sempre mais ativa que possa se exprimir também com a música e o canto. É um serviço que necessita de paciência e humildade, de empenho e competência.

Uma assembleia que canta com propriedade e dignidade é o resultado de um trabalho pastoral não indiferente e em diversos níveis, pois "o canto é um elemento da celebração litúrgica, mas a liturgia... é expressão da vida"[1].

---

1. CIMINI, A., *Quando e cosa cantare in una celebrazione. Una "guida" per far cantare le assemblee domenicali*, RPL 146 (1988), 42.

Conclusão

Nestas páginas, o objetivo foi "colocar em foco", de modo bastante claro, a importância da presença do canto e da música na liturgia, com a finalidade de obter uma participação sempre mais ativa da assembleia cristã na celebração litúrgica.

Na primeira parte, verificou-se como o canto e a música, realidades profundamente enraizadas na cultura da humanidade, estiveram, desde o início dos tempos, a serviço da oração na igreja, não obstante as dificuldades encontradas ao longo dos séculos. Também o concílio ecumênico Vaticano II teve a oportunidade de sublinhar a grande importância da presença do canto e da música na liturgia, definindo-os como "parte necessária e integral da liturgia"[1].

Canto e música são parte necessária e integral da liturgia, não simplesmente pelo fato de que a liturgia se torna mais bonita e mais solene, mas sobretudo porque, graças à sua particular carga simbólica, colocam o fiel em comunhão com Deus, como nenhuma outra linguagem humana sabe fazer. O canto e a música, mesmo não sendo indispensáveis à liturgia[2], são, contudo, elementos muito importantes que não podem ser substituídos por nenhum outro elemento humano. Aquilo que o canto e a música podem oferecer à celebração da assembleia, nada e ninguém pode oferecer.

E então, o que é que podem oferecer canto e música à liturgia? Porque é necessário cantar na liturgia, ou melhor, cantar a liturgia? E depois, como cantar a liturgia?

---
1. SC 112, in: EV I, 201.
2. É perfeitamente possível celebrar sem cantar e tocar uma nota sequer. A rigor dos termos, de fato, basta a palavra humana para responder à Palavra de Deus. A palavra, pessoal, responsável e sincera, é o indispensável eixo da celebração litúrgica, juntamente com o gesto.

Cantar a liturgia

A essas perguntas procurou-se dar uma resposta com a segunda parte do presente trabalho. Nela colocou-se a interrogação sobre o significado simbólico da música e do canto, sobre como, com esse significado, eles podem estar a serviço da liturgia e o que fazer para que esse gesto seja verdadeiro, seja bem feito, corresponda à natureza e às características da assembleia, às exigências do evento que se celebra e ao momento ritual em que se insere.

Canto e música, já se disse, servem ao homem de fé para cantar a própria fé; servem para cantar, em união com a comunidade, o próprio "obrigado" a Deus que "amou tanto o mundo, que deu seu filho único, para que todo o que nele crer não morra, mas tenha a vida eterna"[3]; servem a ele e à comunidade para exprimir, com todo seu ser, aquilo em que se crê e aquilo que ele é; servem para responder com fé à Palavra de Deus escutada e a quanto ela suscitou no coração; servem para que ele eleve a própria súplica quando se sente "pequeno e pobre"; finalmente, servem para que ele possa dizer o próprio "amém" a Deus, aceitando deixar-se transformar pela sua Palavra e empenhando-se em vivê-la na vida cotidiana. Há um canto da liturgia inglesa que, em nossa opinião, com seu ritmo e sua letra, sabe bem exprimir as razões de sua presença na liturgia. Ele canta assim:

1. Cantai ao Senhor um cântico novo, esplende sua glória!
   Grande é sua força, grande sua paz, grande sua santidade!
   Ref. **Por toda a terra, nações do mundo, gritai sua fidelidade.**
   Música de festa, música de louvor, música de liberdade.
2. Aos olhos do mundo manifestou sua salvação!
   Por isso se cante, por isso se dance, por isso se celebre!
3. Com a harpa e a trombeta, com tambores e flautas, com toda voz!
   Cantos de doçura, cantos de salvação, cantos de imortalidade!
4. Os rios e os montes batem palmas diante do Senhor!
   Sua justiça julga a terra, julga as nações.
5. Ao Deus que nos salva, glória eternamente! Amém! Aleluia!
   Glória a Deus Pai, glória a Deus Filho, glória a Deus Espírito[4].

---

3. Jo 3,16.
4. SANDS-IOTTI, Musica di festa, in: GI. FRA. – OPERA VOCAZIONI VENETO-FRIULI, V. G., *Con il mio canto… Canti per la preghiera*, Lendinara (RO), 1993, 6-7.

Conclusão

O canto e a música estão presentes na liturgia para a glória de Deus; eles nascem de corações cheios de alegria que conheceram o amor de um Deus que salva, que se mantém fiel, que julga com justiça, que dá paz, concede a força e compartilha sua santidade. Canto e música, numa palavra, são expressão da fé do homem que encontrou o Cristo. É, no entanto, experiência frequente encontrar assembleias cristãs que têm dificuldades para exprimir sua fé por meio do canto, provavelmente mais pela sua pouca convicção que pela sua objetiva dificuldade de execução.

Neste trabalho, foram propostas algumas estratégias de intervenção que, no fim, não trazem resultado se não forem fundamentadas com adequada formação ou educação litúrgico-musical da assembleia, que deve ser conduzida com paciência e perseverança por parte de quem é dela responsável.

É necessário, afirma mons. Brandolini, "educar para celebrar o Deus da vida cantando a fé"[5].

Celebrar o Deus da vida significa "fazer memória do acontecimento com aquele que dá a vida, ressuscitou da morte seu filho, constituindo-o senhor dos homens e da história, fonte perene de vida para todos que creem nele e que, por meio da celebração, estão inseridos em seu mistério e estão salvos e tornados partícipes do dom do espírito que os torna 'um' em Cristo e entre si, na Igreja, comunidade pascal, povo sacerdotal da nova aliança"[6].

Será muito difícil pretender que nossas assembleias percebam o imenso valor do canto e da música na liturgia — e da participação ativa à celebração mediante essas expressões simbólicas —, se primeiro não resultar claro ao povo de Deus que a celebração litúrgica cristã não é simples cerimônia, não é simples ritualismo, não é magia, não é espetáculo ou folclore, não é uma prática intimista e devocional, mas um reviver juntos o evento que fez e continua a fazer a Igreja: Cristo, que com sua morte e ressurreição, tornou perfeita a aliança já estipulada por Deus com o homem no monte Sinai.

Para que as liturgias de nossos tempos retornem a ser celebradas com festa e alegria, expressões da autêntica celebração cristã, é neces-

---

5. BRANDOLINI, L., Educare a cantare la fede celebrando il Dio della vita, in: SODI, M. (a cura), *Giovani, Liturgia e Musica*, Roma, 1994, 257. (Biblioteca di Scienze Religiose, 115.)
6. Idem, 259.

Cantar a liturgia

sário, portanto, que nossas assembleias se reavivem na fé. Se, de fato, a celebração litúrgica não é vivida na fé e, ao mesmo tempo, não se faz a profissão de fé expressa com alegria também na forma do canto, ela perde grande parte de seu significado e valor, expondo-se aos riscos e aos perigos já assinalados.

Em suma, cantar é próprio de quem ama e de quem, como Cristo, na liturgia aceita ser chamado a "se tornar dom". É o que é necessário fazer continuamente presente às nossas assembleias caso se queira obter delas uma participação cada vez mais ativa na liturgia mediante o canto e a música. Então, também para elas se verificarão as palavras que Agostinho dirigia aos seus fiéis quando lhes dizia: "Canta a Deus aquele que vive para Deus; salmodia ao seu nome aquele que age para a glória dele. Assim cantando e salmodiando, isto é, assim vivendo e agindo [...] abri caminho ao Cristo, de modo que, por meio da obra daqueles que com pés graciosos anunciam o Evangelho, os corações dos fiéis se abram a ele"[7].

Se nós e todos os fiéis de nossas assembleias soubermos ser autênticos cristãos, com o nosso canto seremos evangelizadores, isto é, mensageiros de Cristo no mundo contemporâneo[8].

---

7. SANTO AGOSTINHO, Esposizione sul salmo 67, in: TARULLI, V. (a cura), Sant'Agostino. Esposizione sui salmi, vol. II, Roma, 1970, 565. (Nuova Biblioteca Agostiniana, 26)
8. Cf. JOÃO PAULO II, Omelia all'Associazione Italiana Santa Cecilia sull'importanza della musica "sacra", 21 settembre 1980, in: CENTRO AZIONE LITURGICA, Enchiridion Liturgico, Casale Monferrato, 1989, 2606.

Apêndice
FICHAS DE LEITURA

"Não há senão um só coração e uma só alma;
uma só fé, um só batismo
e um só louvor na Igreja.
A Esposa finalmente aprendeu
a música das núpcias
e une seu canto ao canto do Esposo
na única voz de um só corpo".

(J. Gelineau)

Na escola da história para entoar o canto do novo milênio[1]

A Palavra que é no início do tempo e que tudo criou [...] a Palavra que selou aliança com Abraão e guiou Moisés na terra prometida [...] aquela Palavra que era no princípio, e que estava junto de Deus, e que era Deus [...] se fez carne! Tomou sobre si a pergunta mais radical do homem, a pergunta sobre a dor e sobre a morte, e ressurgindo proclamou ao homem o canto de amor trinitário que é o nosso sentido, a nossa herança.

A história da Igreja é história do encontro realizado, ou que não se realizou, destas duas dimensões: anúncio da Mensagem de amor trinitário e capacidade de encarná-lo no tempo. A vida litúrgica e o repertório de canto litúrgico exprimem em toda sua sinceridade e presteza o encontro ou a discrepância dessas dimensões.

---

1. Cf. DURIGHELLO, G., *Canta e cammina*. *Storia del canto nel rito cristiano*, Scuola Diocesana di Musica per la Liturgia, Pádua, 1998 (apostilas). Graças à gentil concessão do autor.

FICHAS DE LEITURA

Propomos, agora, algumas fichas de caráter monográfico inerentes:

1. Ao lugar dos ministros do canto;
2. Aos atores do canto (papéis presidenciais, solistas, corais e da assembleia...);
3. A canto e rito (a relação entre beleza artística e funcionalidade litúrgica);
4. Melos e Logos (relação entre canto e texto);
5. Aos instrumentos;
6. À língua;
7. Ao saber distinguir-escolher entre o que é sacro e profano.

São apenas alguns dos problemas que caracterizaram a história do canto litúrgico, e que frequentemente ainda hoje nos interpelam e nos obrigam a intervir com uma escolha/decisão.

Não desejamos oferecer receitas exatas para toda situação, mas buscar (com a ajuda da história) a configuração de um método para nossa reflexão e nosso discernimento. Com efeito, nem sempre existe uma resposta unívoca para cada situação e para cada época: é necessário saber "contextualizar".

O conhecimento do pensamento do magistério em sua evolução histórica, e da práxis celebrativa ao longo dos séculos, nos permite perceber o que constitui o valor de fundo, e, por outro lado, reconhecer aquilo que é contingente, ligado a um determinado tempo.

Empenhemo-nos, portanto, a enfrentar cada escolha e cada problema, tendo o coração e a mente sempre fixos na contemplação dos dois mistérios principais de nossa fé, Trindade e Encarnação, certos de que eles concederão luz ao nosso estilo de serviço e às escolhas que seremos chamados a fazer, permitindo-nos crescer sempre mais na capacidade de anunciar em plenitude a Mensagem e encarná-la em nosso tempo.

O lugar dos ministros do canto

1. O LUGAR DOS MINISTROS DO CANTO

Toda arquitetura espelha o pensamento da comunidade que a produz. Uma estrutura arquitetônica destinada ao culto revela sempre o pensamento eclesial e a prática celebrativa da comunidade. E, nela, o lugar destinado ao canto nos ajuda a entrar na concepção músico-litúrgica da comunidade celebrante. Portanto, o estudo do lugar destinado aos atores do canto nas várias épocas nos ajuda a esclarecer o pensamento eclesial, litúrgico e músico-litúrgico em sua evolução histórica.

Os primeiros séculos

Não nos é possível avançar hipóteses fundamentadas sobre os atores do canto e sobre o lugar por eles ocupado nas liturgias dos primeiros séculos. Podemos, no entanto, pensar no rosto da comunidade daqueles tempos, caracterizado pela variedade e dinamicidade dos ministérios, papéis e funções (das formas solistas-presidenciais àquelas da assembleia, como saudações, diálogos, aclamações, responsórios; das formas diretas a formas antifônicas, a coros alternados).

Idade Média e Renascença

No presbitério. O ministério do canto é prerrogativa da classe clerical.

♪ Desde a alta Idade Média, especialmente depois do Edito de Constantino, com a liberdade de culto, e a cessão de Basílicas para o uso cultual, há testemunhos mais precisos tanto sobre os atores do canto litúrgico quanto sobre os lugares a ele destinado. Testemunhos que revelam uma estrutura hierárquica da comunidade, na qual os ministérios são cada vez mais concentrados na classe clerical. O presbitério ou santuário é o lugar destinado aos ministros, e, portanto, também à *schola*, formada inicialmente por apenas clérigos; enquanto ao povo está reservada a nave. A *schola* era, portanto, disposta no presbitério em semicírculo, em torno do altar ou então, num espaço especialmente destinado, delimitado por balaústres, entre o altar e a nave.

♪ Também a Capela renascentista, formada por profissionais assalariados, encontra um lugar no presbitério, em torno de um *liber cantus* para ler o *super librum*, ou numa capela lateral, ou em coros, ou ainda em palcos especiais elevados onde encontravam lugar também os instrumentos.

Barroco

Nos palcos e lugares designados. O ministério do canto é confiado a profissionais.

♪ Os atores do canto litúrgico continuam a ser profissionais especialmente pagos e se colocam no coro ou em palcos especialmente colocados junto à orquestra; típica é a posição da "orquestra" com o órgão acima da entrada principal, testemunho de uma igreja casada com o poder temporal, que vive a liturgia como sinal de prestígio: a música serve a esta finalidade mais que à função ritual, alienando-se das exigências do rito e ampliando-se nas formas até degenerar em pura ocasião de espetáculo.

Final do século XIX e início do século XX

O coro fica fora da vista dos fiéis (escondido por grades ou atrás do altar-mor). A reação aos excessos da teatralidade e o retorno ao povo.

♪ Nos séculos XVIII e XIX e até mesmo em seguida ao influxo do estilo operístico, nas igrejas catedrais principalmente, o ator do canto litúrgico é ocasião de distração: chama para si a atenção, distraindo do rito.

♪ A reforma que tem por protagonistas o movimento ceciliano e o papa Pio X busca o remédio eliminando o elemento de distração, isto é, tirando os ministros do canto dos olhares dos fiéis, mediante a construção de grades ou com a colocação do órgão e dos cantores atrás do altar-mor.

♪ Se essa solução drástica colocava um freio aos excessos ligados ao espetáculo e ao teatro em que havia recaído a música litúrgica, por outro lado relegava os ministros do canto litúrgico (agora não mais apenas profissionais, mas também gente do povo) a ficar fora do contexto do rito.

O Concílio Vaticano II

Na Igreja. Os atores do canto são parte da assembleia sacerdotal com um papel ministerial específico.

♪ O Concílio Vaticano II e os documentos atuadores querem repropor a riqueza e a variedade dos ministérios a serviço do canto litúrgico e querem que o seu lugar… volte para a Igreja. De fato, o lugar destinado aos ministros do canto litúrgico deve permitir a eles:

- uma participação plena (sacramental) na liturgia;

Os atores do canto

- um desenvolvimento digno de sua tarefa de um ponto de vista técnico-acústico;
- a realização evidente da sua natureza, como parte da assembleia sacerdotal como uma tarefa.

De um ponto de vista prático, pode não ser sempre fácil o atual pensamento litúrgico com a arquitetura herdada do passado. A escolha não poderá se estabelecer a priori sobre posições rígidas de algum tipo: os atores do canto litúrgico poderão ser colocados entre o presbitério e a nave, ou mesmo no presbitério... Depende de cada caso; é necessário saber "contextualizar". Fundamental é a tomada de consciência do próprio rosto e papel ministerial e buscar sua realização, para além, e mesmo contra, eventuais condicionantes arquitetônicas.

2. OS ATORES DO CANTO (CORO OU POVO?)

Os primeiros séculos

♪ *Variedade de carismas e ministérios.* A estrutura da igreja primitiva é permeada pelo estilo do "serviço" e animada pela riqueza e variedade de carismas e ministérios. Se há uma hierarquia nela, está em função do serviço.

Da Idade Média...

♪ A *clericalização* dos ministérios. Da riqueza ministerial da igreja primitiva se passa, na Idade Média, à "clericalização" dos ministérios: serviço da Palavra (leitorado), serviço da Mesa (acolitado), como o diaconato, mas também o serviço do canto, são serviços de quem está inserido na carreira eclesiástica (clérigos).

♪ As *Scholae* primeiro, e depois também as *Capelas*, são formadas por clérigos cantores profissionais, cujos serviços são custeados e regulamentados por contratos e estatutos.

♪ Com o crescimento da importância do canto e da música instrumental dentro do rito, no Barroco se enriquecem os instrumentais orgânicos de que as igrejas, especialmente as maiores e as catedrais, se munem.

...ao século XIX

♪ O povo, cada vez mais excluído da participação ativa, é protagonista desde a Idade Média de formas e práticas devocionais extralitúrgicas ou paralitúrgicas.

♪ Há uma separação clara entre o santuário (ou presbitério, lugar dos clérigos) e a nave (lugar do povo).

Final do século XIX e início do século XX

♪ Rumo à reforma: a "volta" para o povo. Com o movimento reformador do final do século XIX, os órgãos e organistas se redimensionam e os atores do canto e da música litúrgica "voltam" a ser inseridos numa perspectiva funcional-ministerial. Em particular, é realizado um tipo de órgão que possa corresponder mais às exigências rituais, o assim chamado *órgão ceciliano*.

♪ Surgem até mesmo nas igrejas menores, as *Scholae cantorum*, formadas não mais por profissionais, mas por pessoas do povo.

♪ Há uma grande atenção pela formação músico-litúrgica tanto nos seminários quanto nas paróquias (Escolas cecilianas).

♪ O povo volta a ter papel fundamental e ativo na participação do canto e do rito, graças também a um repertório adequado (cantos para missa, cantos processionais, cantos eucarísticos, cantos neogregorianos, canto popular religioso em latim, mas também na língua vernácula).

O Concílio Vaticano II

Uma ministerialidade fundamentada no sacerdócio batismal. O Concílio e os documentos atuadores sucessivos recuperam plenamente a ministerialidade do povo de Deus, fundamentada na participação ao sacerdócio de Cristo por força do batismo. Paulo VI, em particular, com sua carta apostólica *Ministeria quaedam* (1972) liga os ministérios do acolitado e do leitorado não mais ao sacramento da Ordem, mas ao Batismo.

Volta-se assim a se conceber a assembleia como participante numa estrutura dinâmica e rica de rostos ministeriais.

♪ Toda a assembleia é chamada ao canto segundo diversas funções: presidente, salmista, *schola* ou coro, povo.

♪ Em particular, os ministros do canto e da música são reconhecidos como parte da assembleia santa com um ofício próprio.

De fato, no período pós-conciliar se verificaram situações extremas que privilegiaram ou o canto apenas do povo, eliminando assim a *schola*; ou, pelo contrário, o canto apenas da *schola*, ou de um coro com o silêncio do povo. Mas povo e *schola* não são, em absoluto, duas dimensões contrapostas, antes é importante ter o objetivo de uma assembleia que cante toda ela, com riqueza e variedade de papeis em relação às várias funções do rito. "Liturgia" significa "ação do/para o povo" e, portanto, excluir o povo seria uma contradição de termos; mas seria também contraditório impedir o desenvolvimento da graça que caracteriza a vocação e o carisma de quem é chamado a um serviço particular e específico na comunidade. Dessa forma, salva-se tanto o caráter unitário da comunidade quanto a vocação específica de cada um.

3. CANTO E RITO (ENTRE BELEZA ARTÍSTICA E FUNCIONALIDADE LITÚRGICA)

Quando canto e música começam a fazer parte do rito, qual relação deve existir com os gestos e as funções? Há espaço ainda para uma autonomia da arte e da dimensão estética dentro do rito? Há ainda espaço para a beleza dentro do rito?

A Igreja antiga

♪ Nas civilizações antigas de tradição oral, não existe a distinção clara entre o cantado e o falado como nós hoje entendemos, mas há uma riqueza de nuanças em relação às exigências dos vários gestos ou funções da comunicação. Nas práticas rituais a palavra desempenha um papel fundamental, e o canto nasce como uma amplificação sonora da palavra ritual (gestos da proclamação, diálogo, aclamação, júbilo). A busca subjetiva pela beleza está subordinada aos cânones objetivos, próprios da comunidade e das funções ligadas à comunicação oral e ritual da mesma comunidade.

Idade Média: o repertório gregoriano

♪ O repertório que chegou até nós sob o nome de "gregoriano" é um dentre os mais felizes exemplos de casamento realizado entre as exigências estéticas de beleza e as exigências funcionais do rito. Esse repertório é "completo": há cantos e partes cantáveis para os vários momentos rituais; os que cobrem as exigências de todo o ano litúrgico; e os correspondentes (com versões simples-silábicas e com versões solenes, melismáticas) aos diversos graus de solenidade das celebrações. A característica desses cantos é a profunda adesão da música ao texto e a correspondência da forma musical às exigências funcionais dos vários momentos do rito. Paulatinamente eles vão sendo destinados cada vez mais à *schola*, sobretudo para o canto do "próprio" (*graduale*); enquanto o "ordinário" (*kyriale*) é simples e em estilo silábico e é considerável que seja destinado à assembleia.

Idade Média: a *ars nova* (século XIII)

♪ Por volta do século XIII, com a consolidação do poder temporal da Igreja, se inicia um processo que leva maior "autonomia" à música da liturgia com a consequente não diferenciação formal e afastamento das exigências rituais.

A busca por uma beleza musical autônoma procura encontrar justificação na concepção da música como *laus Dei et aedificatio fidelium*.

Um caso novo se dá com o nascer da polifonia, a qual, em suas fases iniciais e de experimentação, é combatida pelo magistério da Igreja na medida em que ela parecia nociva à inteligibilidade do texto.

A Renascença (século XVI)

♪ Durante a época de ouro da polifonia e, sobretudo, com a Contrarreforma (cf. Concílio de Trento), mesmo entre várias situações, a linguagem madura de contraponto se une ao ideal estético de uma profunda simbiose entre palavra e música, de modo que, mesmo numa substancial não diferenciação formal em relação aos gestos rituais (quase tudo se refaz à mesma forma do "moteto"), a polifonia deste período se tornará por séculos o emblema da música sacra (estilo "à Palestrina").

Barroco – Classicismo (séculos XVII-XVIII)

♪ Atenta para não generalizar (de fato há muita música bela e funcional!) do barroco em diante, a música conquista um lugar cada vez mais relevante e autônomo no rito. Pode-se falar de música "na" igreja, mais do que música "de" igreja ou "para" a igreja. Aumenta-se a presença dos órgãos e organistas, se desenvolvem e se ampliam formas conforme as exigências tipicamente musicais. Ademais, não haverá muita distinção nem no âmbito formal nem no âmbito do caráter entre as composições de igreja e às do estilo teatral imperante (virtuosismo, solismo). Da música como *laus Dei et aedificatio fidelium* se chega à música como *dilectatio*.

O século XIX

♪ No século XIX chega-se à degradação. Não apenas o caráter, mas também as melodias do mundo da ópera entram na Igreja travestidas com o texto ritual. É realmente a música de igreja que agora tem muito pouco a ver com o rito.

Final do século XIX e início do século XX

♪ No entanto, uma vontade de reforma, cada vez mais forte e unânime, aflora no final do século XIX, desembocando no movimento ceciliano e no empenho reformador do Papa Pio X.

♪ A reforma não é percebida apenas como reação aos abusos, mas como uma profunda exigência de seguir um ideal de música sacra como parte integrante da liturgia; ela deve ser "santa", "verdadeira arte" e "universal". Daí deriva, na primeira parte do século XX, um trabalho intenso no âmbito teorético, formativo (escolas cecilianas), compositivo, bem como de publicações e divulgação e de técnica organística.

♪ São muitos os compositores que aderem ao espírito da reforma (e, dentre eles, sobressai L. Perosi), oferecendo um repertório mais atento às diversas funções dos gestos rituais e ao caráter do texto e do tempo litúrgico: esse repertório se oferece ao serviço das mais variadas tipologias do que diz respeito ao órgão, com composições para voz apenas do povo, para duas vozes, pares ou não, até as mais clássicas e complexas formações; vindo ao encontro das possibilidades tanto das paróquias menores e pobres, quanto das maiores.

O Concílio Vaticano II

♪ O lento e contínuo caminho da reforma abre a estrada para o Concílio Vaticano II, que reafirma o valor da música sacra como "parte necessária e integral da liturgia". O período pós-conciliar vive o problema de tentar realizar o equilíbrio entre a dimensão estética da música e as exigências funcionais do rito em unidade com outras novas e acentuadas urgências, como a de criar um repertório novo na língua vernácula. Em fase de aplicação, porém, as soluções são múltiplas e, muitas vezes, polêmicas

FICHAS DE LEITURA

entre si. De um lado, a exigência de se falar uma linguagem atual e próxima da nova sensibilidade corre o risco de descambar numa pobreza genérica; de outro, há quem cultive um ideal de bela música ou belo canto como sinônimo de verdadeira liturgia, correndo o risco de recair numa música autônoma em relação ao rito. O fato é que o ponto central da questão, nem de uma parte e nem de outra, foi enfrentado e/ou levado devidamente em consideração, e o problema se coloca ainda hoje como uma questão em aberto. De fato, não é raro que o canto possa ser utilizado como mero preenchimento de momentos... mortos; ou então, cumpra, genericamente, diversas funções, servindo indiferentemente tanto ao introito quanto à comunhão.

Cantar "a" liturgia, não "na" liturgia: é importante sublinhar que a "beleza" e a "funcionalidade" não são duas exigências irreconciliáveis: o canto litúrgico não pode não ser senão "belo"! Antes, do coração daquilo que celebramos pode e deve nascer absolutamente um modo, ao mesmo tempo, belo e funcional de celebrar cantando.

4. MELOS E LOGOS. A RELAÇÃO ENTRE CANTO (MÚSICA) E PALAVRA

Toda a história da salvação é história de YHWH que fala a seu povo. Deus com sua palavra criou o mundo e o homem; Deus fala a Abraão; escreve para Moisés e para todo o povo as dez palavras da Lei (Decálogo); fala por meio da Escritura = a Bíblia; finalmente fala por meio do Filho, sua palavra vivente, o Verbo, que era antes do princípio, Cristo-*Logos*.
E como pode o *Logos*... tornar-se *Melos*? A Palavra tornar-se canto?

Os primeiros séculos

♪ A primazia do *Logos* sobre o *Melos*. A primazia do *Logos* (palavra) sobre *Melos* (melodia) é um valor que o cristianismo persegue desde as origens e durante toda patrística; mas é também evocado constantemente nas intervenções do magistério em todas as épocas até os dias de hoje, para além de encontrar ou não coerência na práxis. Nos primeiros séculos a primazia do *logos* é procurada (contra a função mágico en-cantatória da música própria das práticas pagãs circunstantes), fugindo de todos os meios que poderiam fazer escorregar o texto, subordinando-o à força encantatória da melodia.

Particularmente, eis o porquê da rejeição da métrica e o privilegiar dos textos poéticos em prosa, como os salmos.

♪ A *salmodia* é, com efeito, o gênero típico da oração cristã que realiza a exigência de rezar cantando, conferindo máximo relevo à Palavra.

♪ O caso da *hinodia* é mais complexo. Os hinos são composições métricas e estróficas. Metricidade, estroficidade e musicalidade são características que garantem eficácia e imediatismo, bem como fácil aceitação pelas pessoas. Por essas características os hinos foram adotados na oração da Igreja: com Efrém no Oriente para rebater a propaganda herética, que encontrava justamente nos hinos um meio eficaz de difusão das ideias; com Ambrósio, no Ocidente, por causa de um forte e intencional cuidado pastoral dirigido ao povo.

Idade Média e Renascença

♪ Simbiose palavra-som. As composições baseadas em textos métricos nunca faltam nas várias épocas, principalmente onde se buscou uma participação popular.

Mas a maior parte do repertório — do gregoriano à polifonia do século XVI — se baseia em textos bíblicos ou rituais em prosa, estruturando-se musicalmente como forma aberta (não estrófica) modelada, portanto, baseada no texto, assim como sua amplificação sonora. Daí derivam composições capazes de uma profunda simbiose entre som e palavra.

Barroco

♪ Um texto pré-texto. A estética musical barroca parte justamente da herança do século XVI de representar com o som a palavra em todas as suas nuanças e com os sentimentos que ela sabe evocar. Paradoxalmente, ao longo dos séculos XVI-XVII e principalmente no ambiente do teatro, justamente dando desenvolvimento tanto em nível teórico quanto de práxis a esta correlação entre sentimentos, palavra e som, chega-se à retórica e ao convencional, de modo que a relação se inverte e a palavra encontra-se agora subordinada às leis musicais. A própria música de igreja é invadida pelo estilo e pelo convencionalismo teatral e o texto ritual geralmente se torna puro pretexto para a produção musical, que por sua vez, no âmbito formal e estilístico, portanto, precede o texto e prescinde do texto.

A reforma de Pio X

♪ A reforma de Pio X quer, alinhada com a tradição da Igreja, que o texto volte a ter a primazia. As formas musicais (que haviam sido ampliadas arbitrariamente a partir das funções rituais) são redimensionadas e reconectadas ao texto, às suas funções e ao texto ritual.

Mas o sucesso que teve a admoestação do pontífice encontra razão também em alguns compositores capazes de compartilhar o espírito da reforma e de se empenhar na sua atuação (cf., dentre todos, L. Perosi).

O pós-concílio

♪ Um texto sem *logos*. Quando, depois do Concílio Vaticano II, se tornou urgente a formação de um novo repertório também em língua vernácula, a Bíblia e a versão italiana dos textos litúrgicos[2] não se tornaram, infelizmente, a fonte da qual os compositores pudessem beber. Os textos oficiais foram descartados de maneira simplista, pois foram considerados... não musicáveis.

Portanto, ainda mesmo da relação *logos-melos*, no repertório pós-conciliar o problema é muitas vezes o do *logos*, o do texto. Mesmo permanecendo em teoria como necessária a autorização da autoridade eclesiástica, de fato cantou-se um pouco de tudo, de paráfrases dos textos bíblicos e/ou litúrgicos aos textos de livre criação mais ou menos heterodoxos, de caráter reflexivo-especulativo (*Oltre le memorie del tempo che ho vissuto...* [*Para além das memórias que vivi...*]) ou sentimentalista, até mesmo textos que... não tinham nada a ver com o *Logos* (*Dopo la pioggia torna il sereno, aleluia* [*Depois da chuva volta a bonança, aleluia*])![3]

A mesma veste musical continuou muitas vezes a preexistir em relação aos novos textos, canalizando-os em formas pré-constituídas (cf. as formas a modo de canção com refrão ou de hino) correndo o risco de satisfazer a uma função devocional, mas genérica e encantatória (capaz de estimular os sentimentos coletivos de coesão-agregação, entusiasmo ou mesmo até de contemplação).

---

2. Embora com algumas poucas exceções, algo de muito análogo se pode dizer do Brasil. (N. do E.)
3. No Brasil houve várias composições similares, isto é, que se utilizaram de paráfrases, e que na maior parte das vezes não traduziram bem os conteúdos dos textos usados na liturgia; pense-se aqui à certas versões do *Pai-nosso*, do *Glória*, do *Santo* etc. (N. do E.)

Mas hoje, com o crescer da consciência sobre a importância da Palavra na vida da Igreja (são testemunhas disso, por exemplo, o papel da *Lectio divina*, dos Centros de escuta, Subsídios para a meditação quotidiana da Palavra) é sempre mais forte e atual a exigência de um canto que volte a ter sua origem na Palavra; ao mesmo tempo, cresce a confiança na beleza dos textos litúrgicos e o empenho de se dirigir a eles antes de descartá-los.

5. OS INSTRUMENTOS (ÓRGÃO OU VIOLÃO?)

O tema dos instrumentos no rito sempre foi um problema complexo e controverso desde o início da história da Igreja. É possível sintetizar assim seus aspectos:

1. Os instrumentos como sustentação do canto;
2. A música instrumental pura;
3. Quais instrumentos podem ser admitidos.

Os primeiros séculos

♪ As primeiras comunidades cristãs procuram uma identidade, também ritual, excluindo do rito os elementos que podem evocar o contexto circunstante, judaico e/ou pagão. Em relação aos instrumentos:
  - os instrumentos estão excluídos do rito (atitude, em todo caso, não radical) na medida em que têm grande importância no culto judaico do templo e nos ritos pagãos com função extático-encantatória;
  - a Palavra (*logos*) tem a primazia sobre o som; a voz humana sobre os instrumentos; e, portanto, o canto sobre a música instrumental pura.

Idade Média – Renascença

♪ A respeito do emprego dos instrumentos no rito, nem todos concordam e há ainda muitas reservas: reafirma-se a primazia da voz humana e o som instrumental como sustentação do canto é acolhido.

♪ Com a progressiva difusão do emprego dos instrumentos e da música instrumental (órgão, mas não apenas ele, mas também flautas, címbalos) surge o problema da invasão do profano na esfera do sagrado, seja na medida em que os instrumentos evocam contextos profanos (como festas, banquetes), seja enquanto propõem (séculos XV e XVI) um repertório de origem-derivação profana ("tablaturas" de canções e baladas).

♪ Com o século XVI o órgão desenvolve um repertório próprio (das tablaturas de peças vocais a formas originais como tocatas, ricercatas, fantasias) e adquire um lugar importante no rito, servindo a diversas funções:
- de solo: prelúdio, interlúdio, pós-lúdio; entonação; meditação (canção depois da epístola, *ricercar*[4] depois do Credo, elevação);
- como sustentação do canto;
- em *alternatim* com o canto.

♪ Particularmente, a prática do *alternatim* (que consiste em confiar ao órgão em alternância com o canto, a execução de alguns versículos do ordinário, que, portanto, não são nem cantados e nem recitados) quebra a relação de subordinação da música à Palavra e abre a porta para a música instrumental rumo a um caminho de autonomia do rito e de suas funções.

Barroco – Classicismo – Romantismo

♪ Nos séculos XVII e XVIII, se as indicações do magistério caminham alinhadas com a tradição, na práxis a música instrumental adquire cada vez mais autonomia na liturgia, desvinculando-se das funções rituais; os elementos relativos ao órgão se enriquecem; as formas de ampliam; são impostas algumas formas de música pura, destinadas àquelas que poderiam ser definidas como "liturgias-concerto" (sinfonia, sonata para igrejas); o caráter e o estilo do gosto teatral-operístico, então imperante, invade até mesmo a produção sacra.

♪ No século XIX, talvez como emulação das orquestras das igrejas maiores, surgem, principalmente nas comunidades de periferia, "bandas" com um repertório próprio (transcrições, mas também peças originais) destinado à execução nas celebrações litúrgicas.

A reforma de Pio X

♪ Com a reforma de Pio X se recupera a primazia do canto; a função do órgão com sustentação do canto (particularmente é concebido para

---

4. "Ricercar" — em português, "procurar" — é um tipo de composição musical que "procura" introduzir a tonalidade ou modo que se segue no rito, servindo como troca ou passagem de um determinado motivo. (N. do E.)

Os Instrumentos

esse fim um tipo de órgão, chamado órgão ceciliano, destinado ao uso litúrgico e não para concerto); outros instrumentos são também admitidos em casos excepcionais; a forma das composições é redimensionada e volta a aderir às funções rituais.

O Concílio Vaticano II

♪ O Concílio Vaticano II renova a primazia do órgão de tubos para a igreja de cultura latina, mas não exclui a utilização de outros instrumentos desde que "sejam aptos para o uso sacro [...] à dignidade do templo [...] e favoreçam a edificação dos fiéis".

Na práxis pós-conciliar, com o florescer de novas e variadas propostas e experimentos de repertório, outros instrumentos se juntam ao órgão e/ou o substituem, principalmente nas assim chamadas missas para jovens ou *pop* (*violão* ou conjunto *pop*). Ou então, principalmente em determinadas celebrações solenes ou de sacramentos (cf. matrimônio), se formam várias tipologias de elementos orgânicos de câmara (órgão, cantor solista, violino, flauta).

O caso do violão e a música juvenil (com outras temáticas fortes, como a da língua, do binômio coro-povo) constituiu e constitui ainda hoje o argumento de fortes discussões e polêmicas, correndo frequentemente o risco de uma fratura entre grupos geracionais e diferentes maneiras de se sentir-conceber-viver a liturgia.

Retomemos as considerações iniciais buscando alguns pontos firmes sobre os quais se ancorar à luz da história e do magistério.

1. Quando os instrumentos acompanham a Palavra ritual, ela deve ser colocada em relevo e aparecer em toda a sua clareza e inteligibilidade; dar a primazia ao *Logos* significa reconhecer a primazia do Cristo-*Logos*!

2. A música instrumental pura aparece apenas depois de alguns séculos de história do rito cristão. Ela pode ser portadora de grande positividade e pode cumprir importantes funções, como também poderá ser ocasião de distração e desviar a atenção para conteúdos estranhos ao rito. Nas liturgias hodiernas, depois da reação aos abusos dos séculos passados, a música instrumental pura foi de fato muito castigada (cf. a exclusão radical do som instrumental durante a recitação das partes presidenciais, momento em que, ao contrário, ofe-

receu a oportunidade no passado de inumeráveis produções de peças para meditação e elevação...), e com ela o silêncio e o espaço para a meditação. Esse é um ponto sobre o qual se deve refletir: até onde a música pode ajudar o silêncio? Ou, ao contrário, perturbar?

3. Quais instrumentos são admitidos? Não existem "em si" instrumentos sacros ou instrumentos profanos. Ocorre considerar em seu conjunto alguns fatores:

- o contexto histórico-cultural em que se vive: os metais, por exemplo, em algumas épocas foram empregados como instrumentos mais idôneos para o culto sacro, e em outras, ao contrário, foram proibidos, pois evocavam contextos bélicos;

- o modo de emprego e o estilo de execução: não é suficiente tocar o órgão (por exemplo) para garantir um som litúrgico; é necessário também tocar de certo modo, diferente do modo galante, de câmara ou teatral;

- características técnicas dos instrumentos e da arquitetura: há instrumentos harmônicos e instrumentos melódicos que correspondem diversamente conforme as exigências acústicas de um determinado ambiente, bem como às exigências técnicas de conduzir, sustentar e acompanhar o canto de uma assembleia.

Concluindo: Não é possível utilizar um instrumento apenas porque se gosta dele, ou porque é o único que se sabe tocar. Se é verdade que não se pode condenar *a priori* nenhum instrumento, é também verdade que todo instrumento traz em si uma mensagem, na medida em que evoca um contexto, um repertório, um estilo, uma tradição. É necessário o equilíbrio, a capacidade de contextualizar e de saber fazer, à luz do Espírito, as escolhas mais funcionais que garantam ao *Logos* a possibilidade de "tocar" realmente o coração de todos.

6. A LÍNGUA
(DE BABEL A PENTECOSTES)

A "língua" é expressão e caráter distintivo da identidade de um povo e serve primariamente à comunicação interna e à fixação-tradição dos valores do mesmo povo.

A língua

Quando os diferentes povos se comunicam entre si não fazem uma simples "tradução" dos conteúdos que querem exprimir; mas fazem uma verdadeira participação de pensamento e valores. Isso pode ocorrer na mesma medida ou então numa relação de subordinação, como no caso da conquista de um território por parte de um povo estrangeiro; ou no caso da dependência econômica de uma nação por parte de outra.

E ainda, quando vários povos compartilham um mesmo pensamento, uma mesma fé, e rezam ao mesmo Deus, diante da exigência de exprimir a identidade cultural se acompanha a exigência de conferir também a unidade e a universalidade ao sentir e rezar. O problema da língua se coloca em termos novos e complexos, entre as necessidades particulares de cada povo (compreensibilidade e comunicação imediata) e a necessidade de pertença a uma unidade, universalidade, catolicidade (fixação e tradição dos valores comuns).

Em outras palavras, o problema da língua entre as igrejas particulares e a igreja universal é um problema de relação entre a tradição (como, portanto, valores comuns a serem conservados e traduzidos em oração) e a encarnação da mensagem (segundo os meios linguísticos culturais de um determinado contexto).

Os primeiros séculos

♪ Em suas origens, a diversidade linguística e cultural não é vista como um obstáculo para a unidade da fé e toda família ritual reza em sua própria língua; enquanto nas relações oficiais entre as diferentes comunidades é empregado primeiramente o grego e depois o latim.

De fato, quando o cristianismo surge e começa a se difundir, o Mediterrâneo está reunido politicamente sob o império romano e culturalmente perpassado pelo pensamento grego. Portanto os valores de fé do cristianismo logo devem se confrontar e ser "traduzidos" com as categorias de pensamento e linguísticas do mundo greco-romano.

A Idade Média

♪ A Europa da Idade Média herda do período de domínio do império romano a cultura e a língua latina, que permanece a língua oficial para as funções públicas mesmo quando começa a desaparecer do uso falado.

♪ De Carlos Magno em diante, o latim, junto com o rito romano e com o canto romano, é imposto a todo o império. A unidade linguística e ritual serve, portanto, para garantir a unidade política do império. A igreja se beneficiará dessa solução, fruindo assim também de uma unidade interna (favorecida pelo matrimônio com o poder temporal), unidade que buscará salvaguardar com um absoluto fixismo ritual (um rito igual no tempo e para todos os lugares). A língua viva, excluída do rito, é protagonista de formas devocionais extralitúrgicas de destinação popular.

Do Concílio de Trento...

♪ O latim continua a ser a única língua admitida no rito romano, ainda que não seja mais a língua falada pelo povo.

Ela é assumida:
- como sinal de unidade e universalidade: como defesa da ortodoxia diante das doutrinas das igrejas reformadas que haviam se separado de Roma (igreja luterana, igreja calvinista), as quais, pelo contrário, introduzem em seus ritos a língua vernácula;
- como sinal de sacralidade e integridade da Mensagem: integridade e sacralidade do rito são considerados como valores irrenunciáveis e precedentes à exigência de inteligibilidade e compreensibilidade do rito (*satis est intelligat Deus*).

Os livros rituais reformados depois do Concílio de Trento permanecerão por cerca de quatro séculos (até o Concílio Vaticano II) como o código de oração para toda a Igreja de rito romano.

...ao Concílio Vaticano II

♪ A língua vernácula, como anteriormente, continua a dar vida a produções devocionais no âmbito popular. Já antes do Concílio Vaticano II, porém, durante o auge da reforma desejada pelo Papa Pio X, a língua nacional, ainda que excluída dos documentos, está, de fato, sempre mais presente no rito (sobretudo nas procissões, no rito eucarístico, festividades marianas).

O Concílio Vaticano II e os documentos atuadores confirmam a língua latina como língua oficial da Igreja, mas abrem-se contemporaneamente para a língua vernácula.

"Língua vernácula" e "língua latina" muitas vezes são vistas como símbolo de duas concepções eclesiais opostas e assim caracterizaram o debate e a polêmica que se acenderam depois do Concílio Vaticano II. O latim, em particular, não foi considerado pelas suas propriedades de língua (ainda se considerada morta) e, portanto, expressão de um pensamento e vínculo de uma identidade específica; mas foi visto tanto de uma parte quando de outra como sinônimo de uma concepção eclesiológica e celebrativa voltada para a tradição do passado: de fato, ele foi frequentemente objeto de uma rejeição radical e substituído pela língua nacional (isso não apenas no âmbito das igrejas particulares; basta pensar que o hino composto para o Jubileu do ano 2000 foi composto em língua nacional italiana, e não teve uma versão em latim ou, em todo caso, comum para toda a Igreja).

Assim, se durante longos séculos de história o perigo foi o de radicalizar ao extremo os valores da integridade e universalidade do rito, a ponto de sacrificar sua inteligibilidade... hoje o perigo talvez seja o oposto, em detrimento da unidade-universalidade. Outros caminhos alternativos ao latim foram tentados, como o do multilinguismo (cada estrofe numa língua nacional diferente), mas o resultado não é o mesmo. Enfim, os centros de oração de afluência internacional (cf. santuários) demonstram como, junto à língua nacional, a língua latina possa ainda cumprir sua função de veículo comum de oração e sobretudo de oração em canto (e isso também nos grupos de jovens, cf. Taizé).

Na unidade do Espírito, a Igreja pode descobrir então que não há antítese entre a língua nacional e o latim, como não pode existir entre as duas igualmente irrenunciáveis exigências de uma expressão particular e uma expressão comum-universal. É necessário crer em ambos valores e procurar construir... Pentecostes, e não Babel.

7. SAGRADO E PROFANO

É extremamente difícil estabelecer o limite entre "sagrado" e "profano". Mas, antes disso, é difícil dizer exatamente o que seja o sagrado.

É mais fácil para o profano: etimologicamente significa "o que está diante, fora do templo".

Junto à ação profana (que ocorre fora do templo), podem assumir caráter profano todos os elementos que concorrem para a realização dessa atividade:

a. "em si própria" (por exemplo, um texto que trata de argumentos ou temas profanos);
b. "enquanto evoca um contexto profano" (por exemplo, a utilização de instrumentos musicais, ou de uma melodia próprios de contextos profanos).

Em relação à música, portanto, podem entrar na categoria de profano o texto, a melodia, o estilo e a estrutura formal, os instrumentos empregados, a modalidade executiva. Podemos, então, procurar definir com certa segurança o que é profano; mas, podemos igualmente buscar o que é o sagrado?

O termo "sagrado", de fato, não significa propriamente o contrário de profano, ou seja, "dentro do templo". A etimologia é incerta. Pode significar "apego, adesão a" como também "seguimento, acompanhamento, obséquio". Nos dois casos, a dimensão do sagrado se explica como necessidade de realizar o encontro entre o homem (que se descobre como criatura, aspiração...) e Deus. Uma ação é sagrada quando realiza-celebra o encontro entre o homem e Deus. Um lugar é sagrado quando serve para acolher esse encontro (cf. a tenda para o povo de Israel no deserto; depois a tenda chamada "Santo dos santos" no templo de Jerusalém; e, finalmente, o templo...). Portanto, uma música é sacra quando serve para realizar o encontro entre o homem e Deus.

"Sagrado" então, não significa nem mesmo somente "divino", "pertencente à esfera do divino"; o sacro vive, de fato, de dois elementos, o divino e o humano. Mas até que ponto aquilo que é humano (e, talvez, vive até mesmo "fora do templo") pode fazer parte do sagrado? Em outras palavras, como, e até que ponto o elemento divino pode se encarnar e encontrar forma humana? De fato, dependendo de qual elemento venha a ser mais sublinhado ou radicalizado, a história é testemunha de duas posições excessivas e opostas.

– pode-se correr o risco de se sublinhar exclusivamente a grandeza de Deus, por meio da metáfora da distância em relação ao homem (na arquitetura, no rito, na música): é necessário sempre se recordar que Deus é tão grande quanto é próximo do homem, até o ponto de se encarnar e se tornar homem!

– no campo oposto, pode-se exagerar em sublinhar o elemento humano; movidos pela exigência de estar próximos ao homem, é realmente possível correr o risco de fazer desaparecer Deus; é preciso recordar que em Cristo, Deus se tornou homem em tudo, menos no pecado. E o homem é chamado à transcendência, a viver em Deus. Somente quem vive plenamente a transcendência pode ser capaz da encarnação!

Entre esses dois perigos opostos, e sempre atuais, é possível que na história possam se tornar diferentes atitudes, que vão desde o absoluto purismo, com a radical rejeição de qualquer meio que evoca contextos e ações profanas, a tentativas conscientes de sacralização do profano, por meio da utilização "no" templo de meios "pro-fanos".

Os primeiros séculos

♪ Purismo e exclusão radical de todo meio que evoque contextos profanos (instrumentos, danças) e defesa da identidade de povo santo, em aliança com Deus, em contínuo diálogo-encontro salvífico com um Deus que falou a seu povo e visitou seu povo no filho, sua Palavra vivente.

Idade Média e Renascença

♪ A "sacralização" do profano. Com sua difusão, o cristianismo tornou próprios, revestindo-os em chave cristã, conteúdos e práticas dos contextos pagãos e também, em diferentes medidas e modos, dos contextos profanos com os quais travava contato. O intercâmbio de melodias e textos entre mundo profano e mundo sacro-litúrgico caracteriza abundantemente a práxis medieval e renascentista, seja a douta (cf. a utilização de tenor profanos para os motetos, ou até mesmo missas paráfrases, compostas a partir de madrigais já existentes), seja a popular (cf. revestimentos e pronúncias erradas em práticas paralitúrgicas, procissões, peregrinações).

♪ Contemporaneamente nunca faltam admoestações em favor da cautela, do freio, ou da proibição diante da contaminação do profano, até a intervenção peremptória do Concílio de Trento (*nihil profanum*).

Do Barroco... ao século XIX

♪ O profano entra no templo. De um lado, a práxis litúrgica barroca acentua a distância entre o presbitério-altar e a nave, excluindo o povo da participação e da compreensão do rito, relegando-o ao puro devocionismo; por outro lado, ao se tornar sinal de prestígio e poder, busca os meios funcionais para criar grandeza e fasto — a exterioridade da qual se alimentam os poderosos — encontrando justificação teológica numa concepção da música enquanto *laus Dei et aedificatio fidelium*. O estilo e os instrumentos do teatro entram na Igreja e fazem "da igreja um teatro".

♪ No século XIX a música de Igreja, tanto vocal quanto instrumental, já está invadida completamente pelo estilo teatral. Mas não apenas o estilo, também as mesmas melodias da ópera entram na Igreja, e são compostas até mesmo missas inteiras a partir de melodias tiradas das composições líricas mais famosas e amadas naquele tempo.

A reforma de Pio X

♪ A luta contra o profano e o ideal ceciliano de música sacra.

- O movimento reformador do século XIX e Pio X reagem contra esses excessos, excluindo com clara decisão (e com meios que hoje poderiam parecer excessivos) o profano e o convencionalismo teatral; e, quando o profano não pode ser totalmente colocado para fora do templo, se adota uma atitude de defesa, escondendo-o da visão dos fiéis, ou com grades sobre os coros, ou com a colocação do órgão e do coro atrás do altar-mor.

- Juntamente com esses meios negativos, o movimento reformador persegue de modo positivo um "ideal de música sacra", crendo na possibilidade de uma música que seja em si e, ao mesmo tempo, santa, arte verdadeira e universal, capaz de corresponder às exigências funcionais do rito. Na base desse empenho está uma visão teológica e eclesiológica que deseja o rito intimamente ligado à vida, e recupera para a dimensão do sagrado a atenção do povo, portanto, do elemento humano com suas exigências e urgências.

O Concílio Vaticano II

♪ O capítulo introdutório da *Sacrosanctum Concilium* ("Natureza da sagrada liturgia e sua importância na vida da Igreja") é uma passagem fundamental e emblemática que ilustra como a liturgia seja "sagrada" justamente porque é ação em que se realiza em Cristo o encontro salvífico entre o homem e Deus.

No debate e na pluralidade de posições que caracterizaram o clima pós-conciliar, não é mais unânime o "credo" numa música que seja "em

Sagrado e profano

si" sacra. As diferentes posições levaram, também neste caso, a êxitos extremos:

- há quem tenha defendido a sacralidade do rito, combatendo a invasão dos meios típicos dos novos contextos profanos (a guitarra, a bateria do mundo dos bailes e baladas; certos ritmos próprios da discoteca; melodias no estilo de canções), frequentemente se correu o risco de esquecer o elemento humano e não se soube encarnar no homem de hoje;

- há quem tenha, pelo contrário, sublinhado a sacralidade do homem, querendo "sair do templo" conscientemente, para perceber os problemas do homem de hoje e compartilhar sua linguagem; muitas vezes essa posição deixou de cantar para esse homem a Palavra de Deus como única e universal resposta de salvação (cf. "Risposta non c'è"[5]). Também nesse caso não há capacidade de encarnação: de fato, não há encarnação sem Trindade[6].

Crer que o sagrado é dimensão dialógica, entre homem e Deus, requer um caminho espiritual continuado, à luz destes dois mistérios: Trindade (como chamado para o homem se tornar Deus) e Encarnação (como consciência de um Deus que se tornou homem), para poder pouco a pouco ter o dom do discernimento, caso a caso. De fato, toda escolha deve ser recontextualizada. Um duplo exemplo:

- Se uma música nascida para a liturgia (por exemplo um belo e intencionalmente sacro coral bachiano) é inserida numa publicidade da televisão ou se torna a trilha sonora de um filme, evocará contextos profanos para os fiéis que a cantam ou que talvez se aproximem para fazer a comunhão;

- ao contrário, uma melodia nascida num contexto profano, mas já consolidada pela tradição num contexto litúrgico, pode se tornar até mesmo um sinal sagrado (cf., por exemplo, a tão discutida Avemaria de Schubert: diante de seus acordes, qualquer um pensa no

---
5. "Não há resposta"; título de uma música na Itália. (N. da T.)
6. Também no Brasil, certos cantos mais preocupados em despertar uma consciência social e política, embora bem-intencionados, acabaram recaindo nessa problemática. (N. do E.)

vestido branco da noiva e no rito do matrimônio!). Portanto, o problema inerente ao "sagrado" e "profano" é muito complexo e se coloca em nossa capacidade de responder à vocação comum batismal, como participação ao sacerdócio de Cristo, realizando na história o encontro entre homem e Deus, entre as perguntas do homem e a resposta de amor por parte de Deus para com todo ser humano.

Anexo à edição brasileira

A MÚSICA LITÚRGICA NO BRASIL A PARTIR DO CONCÍLIO VATICANO II: AVALIANDO A CAMINHADA – E CORRIGINDO O RUMO

Padre José Weber, SVD

Introdução

O Brasil se destaca entre outros países na música litúrgica e na liturgia após o Concílio Vaticano II. Isto porque a CNBB assumiu como prioridade essas duas disciplinas e sempre teve assessores para cultivar e incentivar a ambas. Nesta caminhada de renovação, caminhamos muito bem. De vez em quando aconteceram pequenos desvios de rota, mas agora é tempo de corrigirmos e voltarmos ao caminho que o Concílio nos indicou. Uma boa crítica construtiva é importante para melhor seguir com segurança e conhecimento neste caminho aberto pelo Concílio[1].

1. Minha história e trajetória pessoal no campo litúrgico-musical

Quando eu era criança, meu pai era "capelão" (dirigente de culto) na capela local[2] e também puxava os cantos da comunidade. Nos dias da se-

---

1. Para completar este quadro, ver também o livro que escrevi em parceria com Frei Joaquim Fonseca pela editora Paulus: *A música litúrgica no Brasil 50 anos depois do Concílio Vaticano II*.
2. Padre José Weber nasceu e viveu sua infância em Anitápolis (SC); é padre dos Missionários do Verbo Divino. (N. do E.)

Cantar a liturgia

mana, à noite, ele reunia a família e nos ensinava os cantos usados no domingo anterior. Em 1946 entrei no seminário menor dos Missionários do Verbo Divino (SVD) em Ponta Grossa (PR): tinha 11 anos de idade. Ali trabalhava o padre Bruno Welter, SVD, que era músico e tocava bem o harmônio. Quando o via tocando, me empolgava tanto que eu dizia comigo mesmo: "Quero um dia tocar assim como ele!". Era minha primeira paixão pela música. Após um ano de treinamento, já conseguia acompanhar ao harmônio os cantos da comunidade na missa. Em 1950, quando entrei para o noviciado, com 16 anos, fui encarregado de dirigir a música no seminário maior em Santo Amaro (SP). Devia ensaiar as completas do sábado e, no domingo, a missa cantada e as vésperas em canto gregoriano. Nas grandes festas, o coro polifônico do seminário, que eu dirigia, cantava a missa solene das 10 horas. Tínhamos também uma banda musical de 25 instrumentos que eu dirigia. Esta vivência musical-litúrgica me marcou profundamente. Quando terminei a teologia e fui ordenado, meus superiores me mandaram estudar música em Roma no *Instituto Pontifício de Música Sacra*, onde estudei por 8 anos, me formando em canto gregoriano e composição. Em 1967 terminei meus estudos de música litúrgica em Roma, quando a CNBB, por meio do cônego Amaro Cavalcanti de Albuquerque entrou em contato comigo e com meus superiores, pedindo-me, em nome da CNBB, para ser assessor de música litúrgica no Brasil. Não fosse esse convite, provavelmente ficaria o resto da vida trabalhando com música litúrgica na Itália, pois naquela época eu já era corredator de duas revistas de música litúrgica: a "Bolletino Ceciliano", ligada à cúpula da música litúrgica da Itália, e outra, a "Psalterium". Dois anos antes, ao final de meus estudos oficiais, também fora escolhido para ser bibliotecário musical do Pontifício Instituto de Música Sacra, onde estudei.

Em outubro de 1967 voltei ao Brasil para ser assessor de música litúrgica da CNBB, morando 11 anos no Rio de Janeiro, onde era a sede da CNBB, e 5 anos em Brasília, quando ela mudou para lá.

No Rio já funcionava há mais de 10 anos a Comissão Arquidiocesana de Música Sacra (CAMS), coordenada pelo cônego Amaro Cavalcante de Albuquerque e tendo como membros: José Alves de Souza, Carlos Alberto Navarro e Josmar Braga.

Em 1961 teve início o Curso de Canto Pastoral no Rio, coordenado pelo cônego Amaro. Em 2011 foi a data de bodas de ouro desse curso. Foi

Anexo à edição brasileira

o primeiro curso desse gênero que depois se espalhou para São Paulo, Belo Horizonte, Salvador, Recife, Santos e, depois do Concílio, por todo o Brasil.

A grande novidade do Curso de Canto Pastoral foi divulgar um repertório novo em português que os compositores ali apresentavam e que depois se espalhava por todo o país. Antes do Concílio não existiam cantos em vernáculo para a liturgia ou, se existissem, eram considerados apenas como cantos religiosos, para serem usados não na liturgia oficial, mas só nas bênçãos do Santíssimo, nas novenas e nas procissões. Daí a grande procura pelos novos cantos que eram dados nos cursos de canto pastoral. Nessa época esses cantos eram publicados em fichas pela CAMS do Rio e eram espalhados por todo o país. Minha primeira participação nesses cursos foi em 1968. No Rio eram ministrados em julho e, em São Paulo, em janeiro de cada ano. Em todo o tempo em que fui assessor da CNBB (16 anos), sempre participei desses cursos e também ministrei os meus. A partir do Rio de Janeiro, o curso de canto pastoral alcançou o Brasil inteiro, pois como assessor da CNBB a cada ano eu ensinava os mesmos cantos em todas as capitais e nas cidades principais. Eram dados, em média, de 25 a 30 cursos por ano no país.

O Brasil ocupa hoje um lugar de destaque no campo da música litúrgica, entre outros países. Foi fruto de um trabalho da CNBB a longo prazo, como constatamos nas reflexões, pesquisas e livros publicados sobre esse assunto pela editora Vozes e, ultimamente, pela editora Paulus. Mas é preciso agora "apertar o funil" e não usar, sem critérios, quaisquer cantos em qualquer parte da liturgia. Hoje devemos insistir na qualidade e não na quantidade. Os cantos, para serem usados na liturgia, devem ser "litúrgicos": tirados da Bíblia e das fontes litúrgicas (SC 121).

Em 1983 deixei a CNBB e fui morar em São Paulo por três anos; em seguida, fui trabalhar por quatro anos numa paróquia de periferia de São Paulo (Valo Velho); depois, desci ao Vale do Ribeira, Diocese de Registro (SP), por mais 16 anos; aí, em Iguape, trabalhei na pastoral dos pescadores e, em Ilha Comprida, iniciei uma nova paróquia. Nesses 20 anos em paróquias pobres, eu deixei de lado a música sacra para me dedicar à pastoral dos pescadores e das comunidades de base e do povo humilde. Essa escolha foi uma opção minha.

E agora, no "entardecer da vida", estou voltando ao cultivo da música litúrgica, mas com outra visão: hoje precisamos insistir na qualidade de nossa música litúrgica, aprofundar os conhecimentos de liturgia, da função ministerial de cada canto e da formação técnica e musical dos compositores e agentes.

2. Obras de minha autoria

2.1. Livros publicados

a. *Estudo sobre os cantos da missa* (Série Estudos da CNBB, n. 12), São Paulo, Paulinas, 1976. Esta obra foi solicitada por Dom Clemente Isnard para facilitar a composição dos cantos da missa, principalmente para leigos. A fonte inspiradora foi a *Instrução Geral do Missal Romano*, renovado pelo Concílio Vaticano II e que traz o significado de cada rito cantado, para dali nascer cada canto com sua função ministerial de serviço. Esse livro foi refeito e tornado mais enxuto e será publicado pela editora da CNBB com o título *Cantos da missa em sua função ministerial*.

b. *Pastoral da música litúrgica no Brasil*. (Documento da CNBB, n. 7), São Paulo, Paulinas, 1976 (Este documento foi aprovado pela Assembleia Geral dos bispos). Este texto tem como base o documento conciliar sobre a liturgia: a Constituição *Sacrosanctum Concilium* (SC), e a Instrução *Musicam Sacram* (MS); o documento da CNBB explica esses documentos, atualizando-os junto à nossa realidade brasileira no campo da música litúrgica.

c. *Introdução ao Canto Gregoriano*, São Paulo, Paulus, 2013, Coleção "Liturgia e música", n. 10.

d. *A música litúrgica no Brasil: 50 anos depois do Concílio Vaticano II*, São Paulo, Paulus, 2015, Coleção "Marco Conciliar". Esse livro, produzido em parceria com Frei Joaquim Fonseca, traz a história de como era a música litúrgica no Brasil e em outros países antes do Concílio Vaticano II e depois dele até o presente momento.

e. *Canto litúrgico: Forma musical, análise e composição*. São Paulo, Paulus, 2016, coleção "Liturgia e música", n. 12. É um livro mais técnico, que expõe numa linguagem simples e acessível a arte de compor e analisar os cantos destinados à liturgia.

f. *Liturgia das Horas-Música*. São Paulo, CNBB e Paulus, vol. 1, 2007; vol. 2, 2011. O primeiro volume contém Laudes, Vésperas e Com-

Anexo à edição brasileira

pletas com o Saltério e as solenidades e as festas. O segundo volume completa o primeiro com o Ofício das Leituras, Hora Média, as antífonas de Laudes e Vésperas dos Domingos do Tempo Comum dos anos A, B e C e a memória dos santos. Alguns hinos e antífonas têm mais opções de outros compositores a título de variação. As *fórmulas salmódicas* do tipo gregoriano, mais simples, com duas ou três linhas e as do tipo de Gelineau, com mais linhas, vêm enriquecer os diversos modos de cantilar os salmos e os cânticos bíblicos. Ao todo são 167 fórmulas nas principais tonalidades musicais[3].

g. *Salmos responsoriais dos domingos e festas*, São Paulo, Paulus, 2008 (^{2}2015). Três CD's dos anos A, B e C completam este subsídio litúrgico-musical. Este livro foi traduzido para o espanhol pela San Pablo da Colômbia em 2016.

h. *Cantos do Evangelho*, São Paulo, Paulus, 2017. A frase principal do Evangelho dos domingos, festas e solenidades é cantada para que a Palavra de Cristo no Evangelho ressoe e permaneça no coração de cada fiel ao longo da semana. É uma boa forma de evangelizar por meio do Canto do Evangelho. Já estão à disposição 3 CD's dos Cantos do Evangelho: [1] Advento e Natal; [2] Quaresma e Páscoa; [3] Domingos do Tempo Comum do ano C. Deverão sair mais 2 CD's dos anos A e B dos domingos que faltam. Este livro também está sendo traduzido para o espanhol pela San Pablo da Colômbia.

i. 14 volumes (cadernos) de partituras para coro a 4 vozes mistas e povo em edição pessoal do autor (fotocópias). São os seguintes:

1. *O Evangelho de Marcos cantado*, com 98 páginas, 53 frases ou perícopes cantadas desse Evangelho, 2010.
2. *Cantos e hinos para coro misto e povo*, com 86 páginas, 2009.
3. *Cantos do Evangelho para coro e povo* (alguns escolhidos), com 96 páginas, 2010.
4. *Carta aos Efésios e outros cantos*, com 40 páginas, 2014.
5. *Cartas aos Filipenses, Colossenses, Tessalonicenses (1ª e 2ª), Efésios, Hebreus e outros cantos*, 88 páginas, 2014.
6. *Cantos diversos*, 25 páginas, 2015.

---

3. Veja: *Liturgia das Horas – Música*, São Paulo, Paulus, 2007.

Cantar a liturgia

7. *Carta aos Filipenses, Colossenses, Tessalonicenses, Timóteo (1ª e 2ª), Efésios, Hebreus,* 88 páginas, 2015.
8. *Cantos diversos,* 26 páginas, 2015.
9. *Atos dos Apóstolos, Cartas de Pedro (1ª e 2ª), Tiago, João (1ª) e outros cantos,* 55 páginas, 2016.
10. *Cantos diversos,* 24 páginas, 2016.
11. *Cantos diversos,* 20 páginas, 2018.
12. *Cantos diversos,* 40 páginas, 2018.
13. *Cantos diversos,* 19 páginas, 2019.
14. *Cantos diversos,* 42 páginas, 2019.
15. *Cantos diversos,* 33 páginas, 2019.

2.2. CD's gravados

a. Pela Paulinas COMEP:
   1. *Deus vivo, Trindade Santa: Missa da Santíssima Trindade*; com 7 cantos bíblicos.
   2. *Alegria do Evangelho, do Papa Francisco*; CD em parceria com Antônio Caran.

b. Pela editora e gravadora Paulus:
   1. *Salmos responsoriais dos domingos, festas e solenidades dos anos A, B e C*. Traduzido para o espanhol em 2016 pela San Pablo da Colômbia.
   2. *Cantos do Evangelho*: 1º Advento e Natal; 2º Quaresma e Páscoa; 3º Tempo Comum, Ano C. Nos próximos anos deverão sair os anos A e B, para completar a série.

3. As aclamações das Orações Eucarísticas da Missa

A história dessas aclamações foi bastante original. Foi numa reunião mensal da Comissão Nacional de Liturgia, realizada, salvo engano, em 1970. Nela, Dom Clemente Isnard nos dizia: "É muito bom que a Ora-

Anexo à edição brasileira

ção Eucarística da Missa seja em português; mas se percebe que o presidente reza sozinho essa longa oração, e a certa altura, o povo se 'desliga'; vamos fazer algumas aclamações e intervenções da assembleia após cada bloco da Oração Eucarística do presidente". Fui então encarregado dessa tarefa para fazê-las bem proclamáveis e cantáveis. Na assembleia geral da CNBB que se realizou em seguida (1971), essas aclamações foram aprovadas pelos bispos e enviadas para Roma, para serem aprovadas pela Congregação do Culto e dos Sacramentos; não foram aceitas, pois na Congregação diziam: "por que só o Brasil quer essas aclamações?". E foram engavetadas. Uns cinco anos depois, quando Dom Geraldo Majela se tornou Secretário dessa Congregação, ele as tirou da gaveta e as aprovou, enviando-as para nossa surpresa e reconhecimento. Hoje só o Brasil tem essas aclamações nas Orações Eucarísticas e nossos bispos não querem abrir mão delas por óbvios motivos pastorais. Para a próxima edição do Missal Romano, a 3ª edição típica, essas aclamações foram unificadas e simplificadas por mim, a pedido da CETEL (Comissão Episcopal para a Tradução dos Textos Litúrgicos), para facilitar a resposta da assembleia.

4. A tradução da Liturgia das Horas

Foi um trabalho coordenado por mim, a pedido de Dom Isnard, Presidente da Comissão Nacional de Liturgia. Esse trabalho durou oito anos, com uma equipe de quatro pessoas: eu como coordenador e musicista; Maria de Fátima de Oliveira, como poetisa; Dom José de Castro Pinto, como biblista, e um pároco do Rio de Janeiro, como pastoralista. Esse grupo ficou encarregado de traduzir todos os textos cantáveis da Liturgia das Horas: salmos, cânticos, antífonas, responsórios, introduções e conclusões do Ofício Divino. Os hinos foram traduzidos por Dom Marcos Barbosa e Maria de Fátima de Oliveira. Outra comissão, liderada pelo monge beneditino D. Matias, do mosteiro de São Bento do Rio de Janeiro, ficou encarregada da tradução das leituras e dos textos não cantáveis da Liturgia das Horas. A tradução era feita do latim para o português do Brasil.

Os critérios usados para os textos cantáveis foram: [a] *Fidelidade ao conteúdo e à forma* da poesia hebraica com seus paralelismos; [b] *Tra-*

Cantar a liturgia

dução *proclamável* e *cantável*, seguindo o sistema de Gelineau que, por sua vez, seguiu as cadências poéticas do original hebraico dos Salmos; [c] *Linguagem acessível e bonita ao alcance do povo*.

Dom Isnard afirmou que esta nossa tradução da Liturgia das Horas é uma das melhores que ele conhecia. E também foi muito bem avaliada pelas comunidades que têm a obrigação de recitar ou cantar todas as horas do Ofício Divino. A cada quatro meses se reunia comigo a Comissão da CEATL (Comissão Episcopal para exame e Aprovação de Textos Litúrgicos; atualmente esse serviço é desempenhado pela CETEL), que era composta por três bispos especialistas: Dom Joel Catapan, SVD (São Paulo), Dom Francisco Vieira (Osasco – SP) e Dom Celso Queiroz (São Paulo). Naquela época os textos litúrgicos não passavam pela assembleia da CNBB para serem aprovados. Passados pela CEATL, os textos seguiam a Roma para serem aprovados. A tradução completa em quatro volumes, como o original latino, só veio à luz em 1994. Para preencher esse vazio de quase 20 anos, Dom Isnard pediu à Santa Sé para que pudéssemos traduzir do francês a *Oração do Tempo Presente* com a finalidade de a usarmos até que a tradução oficial fosse concluída. A tradução do francês foi feita por Frei Bruno Palma, OP em 1971, e ficou em vigor até 1986. Em 1974, as edições Paulinas publicaram a *Oração do Tempo Presente* para ser cantada, com o nome: *Cantemos com a Igreja*, trazendo os ofícios vespertinos dos domingos e das quatro semanas do saltério. Esse livro foi coordenado pelo cônego Amaro Cavalcante e com a colaboração dos compositores: José Weber, Sílvio Milanez, Frei Joel Postma, Waldeci Farias, Ximenes Coutinho e Juan Serrano Júnior. Em 1983 saiu a Liturgia das Horas num único volume e publicado pelas editoras Vozes, Paulinas e Dom Bosco — com 1900 páginas, foi apelidado de "tijolão" —, sem as leituras bíblicas e patrísticas. Elas foram publicadas num volume à parte um ano depois.

5. A tradução do Missal Romano da 3ª Edição Típica

Roma fornece os textos em latim para que as conferências locais dos bispos façam a tradução em língua vernácula. Nesta última edição, a Congregação do Culto e dos Sacramentos pedia uma tradução mais fiel

Anexo à edição brasileira

aos originais através da Instrução *Liturgiam Authenticam*. A equipe de tradução era composta por três especialistas em latim e linguagem vernácula: padre Gregório Lutz, padre José Weber e Domingos Zamagna, tendo como secretário o padre Márcio Leitão. Essa equipe se reunia a cada quinze dias na Casa São Paulo no Ipiranga (SP) para fazer a primeira tradução do texto latino que vinha de Roma. Padre Gregório puxava mais para a exatidão do texto latino, ao passo que eu e Zamagna, para uma linguagem mais nossa. Essa primeira tradução passava pela Comissão Episcopal da CETEL composta pelos seguintes bispos: Dom Armando Bucciol, Presidente da Comissão, Dom Geraldo Lírio Rocha, Dom Manuel Francisco, Dom Aloísio Dili, Dom Alberto Taveira e Dom Aparecido Gonçalves de Almeida e eu, fazendo a ponte entre os assessores e essa Comissão. Ademais, essa Comissão fez um trabalho primoroso como linguagem harmoniosa e fidelidade ao latim. Assim como já acontecera entre os peritos, também alguns destes bispos puxavam mais para uma linguagem mais harmoniosa e outros para a fidelidade ao latim. O produto final era sempre da melhor qualidade. O texto da CETEL era enviado com antecedência para todos os bispos para que sugerissem melhoramentos e aperfeiçoamentos. Na assembleia da CNBB, essas sugestões eram analisadas e avaliadas pela CETEL durante a assembleia e eram aceitas ou rejeitadas. Em seguida, o texto passava novamente pela assembleia. A aprovação exigida era de 2/3 dos participantes. Até poucos anos atrás, a aprovação final de textos litúrgicos devia ter a chancela de Roma e a confirmação do dicastério romano para a liturgia. O Papa Francisco decidiu que a aprovação dos textos litúrgicos fosse dada pelas Conferências Episcopais locais, e Roma receberia duas cópias para seu arquivo. Nada mais justo, pois quem conhece melhor o povo, a língua e a cultura local são os pastores locais e não a cúria romana, com seus funcionários de gabinete.

6. Troféu "Prêmio Nacional de Música Católica"

Em 2016 as TVs católicas me agraciaram com o troféu "Prêmio Nacional de Música Católica" em Valinhos (SP), na TV Século XXI, como reconhecimento de mérito especial. Em São Paulo, em 2014, também recebi uma Placa de homenagem de grupos que organizaram um curso chamado "Canto Pastoral".

Cantar a liturgia

7. **Etapas da Renovação da Música Litúrgica no Brasil**

a. A Comissão Arquidiocesana de Música Sacra (CAMS) do Rio de Janeiro teve um papel importante na renovação da música litúrgica em nosso país. Liderada pelo cônego Amaro Cavalcante e composta por José Alves, Josmar Braga e Carlos Alberto Navarro, foi pioneira e abriu caminho para a renovação da música litúrgica a partir de 1958. Em 1960 a CAMS traduziu os Salmos de J. Gelineau para o português do Brasil[4], com grande aceitação do público.

b. Pouco tempo depois, a CAMS começou a publicar as fichas de Canto Pastoral (1961) que também teve início na França, pelo grupo de Gelineau. Essas fichas reuniam os novos cantos em vernáculo de nossos compositores e de outros para as celebrações litúrgicas.

c. Os Cursos de Canto Pastoral também foram iniciados pelo grupo da CAMS, liderado pelo cônego Amaro; começaram no Rio de Janeiro em 1961, depois vieram para São Paulo, Belo Horizonte e outras capitais.

d. Encontros de reflexão sobre a música litúrgica no Brasil. Esses encontros abriram o caminho em busca de uma música litúrgica em nossa língua e em nossa cultura para louvar a Deus na liturgia. O primeiro foi em Valinhos (SP) em 1965; o segundo em Vitória (ES) em 1966; o terceiro e o quarto em 1968 e 1969 na Guanabara (RJ). Participaram desses encontros músicos, musicólogos, etnomusicólogos e liturgistas. O fruto desses encontros foi publicado no livro da editora Vozes em 1969 com o título *Música brasileira na liturgia* (Coleção Música Sacra, n. 2).

e. A editora Vozes de Petrópolis (RJ), com o assessor de música da CNBB, aceitou publicar alguns livros de música litúrgica, a assim chamada "Coleção Música Sacra". O primeiro e mais importante volume foi: *Canto e música no culto cristão*, de J. Gelineau em 1968. Outros livros da Coleção Música Sacra foram:

- *Folcmúsica e liturgia* (1966), de José Geraldo de Souza;
- *Música brasileira na liturgia* (1969), com o resumo e as conclusões dos encontros de Música Sacra;

---

4. Foi publicado pela editora AGIR, Rio de Janeiro, 1960.

- *A aclamação de todo um povo* (1969), de Gino Stefani;
- *Para cantar melhor* (1970), de Pierre Karlin.

A editora Vozes ainda publicou a série do folheto semanal "Povo de Deus" com um "missal" popular com os cantos (com música), as leituras, as orações do presidente. Só não trazia a Oração Eucarística.

f. Livros publicados pela editora Paulus na Coleção Liturgia e Música, coordenada pelo Frei Joaquim Fonseca:
- *Cantando a Missa e o Ofício Divino* (2004), de Joaquim Fonseca;
- *Música brasileira na liturgia* (2005), de diversos autores; é a atualização do mesmo título publicado por Vozes em 1969;
- *O canto na tradição primitiva* (2005), de Xabier Basurko;
- *Música, dança e poesia na Bíblia* (2006), de Maria Vitória Triviño Monrabal;
- *Técnica vocal* (2007), de Paula Molinari;
- *Quem canta, o que cantar na liturgia* (2008), de Joaquim Fonseca;
- *Música ritual e mistagogia* (2008), de Ione Buyst e Joaquim Fonseca;
- *Música brasileira na liturgia II* (2009), de Paula Molinari;
- *Introdução ao Canto Gregoriano* (2013), de José Weber;
- *Os cantos da Missa em seu enraizamento ritual* (2014), de J. Gelineau;
- *Assembleia, povo de Deus convocado pelo Senhor, "In memoriam" de J. Gelineau,* 2014;
- *Canto litúrgico: forma, análise e composição* (2016), de José Weber;
- *O que cantar no ciclo Pascal: quaresma, Tríduo Pascal e Tempo pascal* (2018), de Joaquim Fonseca e R. Veloso.

Esses livros da editora Vozes e depois os da Paulus, colocaram à disposição do público subsídios importantes para a formação litúrgico-musical das comunidades.

g. *Os assessores de música litúrgica da CNBB*:
- Amaro Cavalcante de Albuquerque (1961-1967);
- José Weber, SVD (1967-1983);
- Joel Postma, OFM (1983-1997);
- Osmar Bezute, SDB (1997-2002);
- Joaquim Fonseca, OFM (2003-2006);

Cantar a liturgia

- Luiz Turra, OFMCap (2007);
- José Carlos Sala (2008-2014);
- Irmão Fernando Benedito, SJ (2015-2020).

A CNBB, por meio de seus assessores litúrgico-musicais, garantiu uma linha de continuidade de reflexão e produção no cultivo da música litúrgica no Brasil. Isso não aconteceu em outros países da América e da Europa.

8. A importância de Dom Clemente Isnard na Renovação Litúrgico-Musical no Brasil

Dom Clemente Isnard era beneditino e bispo de Nova Friburgo (RJ). Desde os primórdios da CNBB ele foi presidente da Comissão Nacional de Liturgia, chamada de "linha 4"; em todos os períodos em que os estatutos da CNBB permitiam, ele foi eleito para o cargo. Os bispos tinham plena confiança nele por sua competência e liderança. Era uma pessoa de visão clara e conhecimento admirável. Ele foi eleito como membro do *Consilium* internacional[5] para colocar em prática o documento conciliar sobre a liturgia, a *Sacrosanctum Concilium*. Em âmbito internacional ele era muito considerado também na América Latina e no CELAM, do qual foi eleito vice-presidente. Ele confiava plenamente em seus assessores e dava-lhes todo apoio e incentivo, por isso, as coisas andaram tão bem.

9. O Ofício Divino das Comunidades (ODC)

O Ofício Divino das Comunidade foi uma tentativa de transpor a Liturgia das Horas para uma linguagem e cultura populares. Nada mais justo e louvável; e nela há muitas coisas boas. Porém, a maneira como foi feita nem sempre foi a melhor. De modo especial a tradução dos Salmos e Cânticos Bíblicos. O mestre Gelineau é muito claro no que se refere à tradução dos Salmos para a liturgia. No livro de Frei Guilherme Ba-

---

5. *Consilium ad exsequendam constitutionem de Sacra Liturgia*: como diz em seguida padre Weber, era o grupo encarregado da aplicação concreta dos princípios da Reforma Litúrgica estipulados pelo Concílio Vaticano II; para os detalhes e as vicissitudes desse grupo, veja-se o livro de monsenhor Bugnini: BUGNINI, A., *A reforma litúrgica (1948-1974)*, São Paulo, Paulinas, Paulus e Loyola, 2018. (N. do E.)

Anexo à edição brasileira

raúna, *A Sagrada Liturgia renovada pelo Concílio*, da Editora Vozes (1964), à página 641, ele afirma alguns princípios indispensáveis. Para isso cito o texto de Gelineau ao pé da letra [os grifos são meus]:

Não se pode pretender restaurar a participação dos fiéis no culto cristão nem assegurar sua cultura bíblica e litúrgica, sem que eles *cantem os salmos*. Essa restauração, todavia, não poderá realizar-se, a menos que se dê a maior atenção aos seguintes pontos:

A tradução — Que os salmos devam ser primeiro traduzidos *na língua do povo* que se pretende evangelizar e ensinar a rezar, é coisa evidente.

Essa tradução, porém, deve ser feita no espírito que orientou as versões antigas: grega, latina, siríaca etc., isto é, com *a maior fidelidade não apenas quanto ao sentido*, como também *à própria forma da linguagem*.

Na tradução de um texto, podemos seguir vários princípios: assim considerando que os salmos são poesia, poder-se-ão procurar equivalências na língua da tradução e traduzi-los em verso ou empregando os artifícios usuais de rima, métrica etc. Esse processo floresceu abundantemente nas línguas modernas, *mas nunca entrou na liturgia e não poderia nela penetrar*, pois que obriga a *substituir a poesia própria dos salmos a uma outra poesia e a alterar o seu "gênero literário"*. Este, no entanto, faz parte integrante da Palavra de Deus. Além disso, tal método *obriga a ligeiras paráfrases que modificam o texto inspirado*. Legítimas fora da Liturgia, *essas traduções não transmitem a pura Palavra de Deus...*

São Jerônimo que, como os antigos mestres de retórica, conhecia e praticava esse processo, *rejeita-o todavia para a Bíblia*, dizendo que aí: *Verbum ipsum est mysterium*. Limita-se por isso a *uma tradução que respeita, tanto quanto possível, até a feição própria do texto sagrado*, embora tenha de empregar expressões novas e insólitas. Pela palavra revelada, Deus ensina-nos uma linguagem parcialmente nova. Ora, em matéria de linguagem, o fundo e a forma — *o que é dito e a maneira como é dito* — são inseparáveis.

Sem, contudo, chegar a introduzir uma métrica estrangeira nos salmos, seria então preferível uma prosa fiel, tal como nas antigas versões litúrgicas. A Palavra de Deus não pode ser alterada no culto cristão.

Apoiados nesses princípios, não se pode traduzir os Salmos para a liturgia, sacrificando a poesia hebraica com seus "paralelismos" e adotando a poesia de nossa língua com seus artifícios de rimas e métricas estranhas à poesia hebraica, pois a forma poética do original hebraico faz parte do

Cantar a liturgia

texto sagrado inspirado por Deus. Esta forma "rimada" nunca entrou na liturgia e nem poderia entrar, pois obriga a substituir a poesia própria dos Salmos por outra, a alterar o gênero literário e fazer paráfrases. Esse gênero literário faz parte integrante da Palavra de Deus.

Aqui está em jogo o seguinte dilema: "O que é Palavra de Deus e o que é palavra humana?". Gelineau foi um homem de visão; seu pensamento modelou o que o Concílio consagrou, principalmente no que tange à música litúrgica em sua "função ministerial". Ele, com seu grupo, fundou a associação "Universa Laus"[6], consagrada ao cultivo da música litúrgica a partir do Concílio Vaticano II.

Em que pese a bondade da iniciativa, é preciso constatar que o ODC não substitui a Liturgia das Horas para quem reza ou canta o Ofício Divino por obrigação. Além disso, o ODC não levou suficientemente em consideração a vertente histórica e da tradição da música sacra, concentrando-se mais no popular e no folclórico regional do nordeste: essa escolha trouxe o inconveniente de se verificar que esse Ofício ainda não é bem aceito em outros lugares do Brasil, em que outras tradições se firmaram mais. Algo bem significativo é que nos encontros de liturgia e de música litúrgica se deixa de lado a Liturgia das Horas para se cantar somente o ODC; isto não acontece nas assembleias da CNBB, em que somente se canta a Liturgia das Horas. Outro problema que demanda maior atenção é a adaptação que por vezes ocorre de cantos já consagrados, colocando outra letra neles; é sinal de mau gosto, de desconhecimento musical e desrespeito aos direitos autorais.

10. O Hinário Litúrgico da CNBB[7]

O que foi dito do ODC, pode-se dizer do *Hinário Litúrgico da CNBB*, pois de ambos são os mesmos autores e organizadores. Quem começou esse trabalho foi meu sucessor para a música litúrgica da CNBB: Frei Joel Postma. Ele afirma no primeiro volume que: "A intenção deste hinário não é impedir, mas sim, orientar a criatividade musical da Igreja no Brasil e possibilitar a criação de um repertório litúrgico nas comunidades, onde a maioria das assembleias não é capaz de assimilar a produção

---

6. Em Lugano, Suíça, em 1966.
7. Publicação feita pela editora Paulus, São Paulo, iniciada em 1985.

Anexo à edição brasileira

contínua de músicas novas, nem sempre feitas de acordo com o caráter todo especial da Celebração Litúrgica do Mistério Pascal".

O chamado *Hinário Litúrgico da CNBB* não é totalmente aceito, pois se pergunta: "Até que ponto é da CNBB? Quem o compôs? Quem o aprovou? Quem o coordenou? Não terá sido fruto de um pensamento unilateral?". Ele não passou por nenhuma assembleia ou nenhuma Comissão Nacional de Liturgia da CNBB para ser aprovado. Basta compará-lo com hinários como o da Alemanha, França, Itália. O da Itália: "Repertorio Nazionale" foi aprovado pela Comissão Nacional Episcopal para a Liturgia. O nosso não passou por esse crivo para ser aprovado. Pode-se ainda corrigir alguns desvios para ser aceito e assumido pela maioria do povo católico do Brasil.

11. **O Coro Litúrgico no Documento Conciliar (SC) e pós-conciliar (MS)**

a. Pela exigência do documento conciliar *Sacrosanctum Concilium* (SC) e pós-conciliar *Musicam Sacram* (MS), a participação dos fiéis no canto litúrgico era a constante nesses documentos. A participação do povo, conforme esses documentos, leva oito adjetivos: participação ativa, consciente, interna, externa, plena, piedosa, frutuosa e fácil. Nada mais justo, pois o povo ficou de fora dessa participação por mais de mil anos. A participação do povo era realmente a primeira exigência da renovação que o Concílio nos trouxe. Porém, nessa ânsia de participação, deixou-se completamente de lado o papel enriquecedor do coro para com a assembleia. Já em 2009, eu insistia no meu primeiro volume de música para coro e povo:

"Coral: Nem oito nem oitenta: nem só o coro e nem só o povo. Antes do Concílio Vaticano II, era o coral que cantava tudo e sozinho numa 'Missa cantada'. O povo assistia e achava bonito. E toda paróquia que se prezava tinha o seu coral polifônico. Veio o Concílio e pediu que o povo participasse no canto litúrgico, o que realmente era uma necessidade. Quase todas as paróquias acabaram com o coral na ânsia de o povo cantar; isso devido em parte à falta de um repertório litúrgico que integrasse a assembleia e o coral. O Concílio não acabou com o coral; ao contrário, diz que ele tem um 'ministério litúrgico importante' em benefício da assembleia (SC 29)".

Cantar a liturgia

b. O que dizem os documentos *Sacrosanctum Concilium* e *Musicam Sacram* sobre o coro:

- "Também... os componentes da 'Schola Cantorum' desempenham um verdadeiro ministério litúrgico" (SC 29);
- "O tesouro da música sacra seja conservado e favorecido com suma diligência. Sejam assiduamente incentivadas as 'Scholae Cantorum', principalmente junto às igrejas catedrais" (SC 114);
- "Digno de particular menção, por causa de sua função litúrgica que desempenha, é o coro — ou 'Capela musical' ou grupo de cantores. Sua função ainda ganhou mais peso e importância em decorrência das normas do Concílio relativas à restauração litúrgica. Compete-lhe com efeito garantir a devida execução das partes que lhe são próprias... e auxiliar a ativa participação dos fiéis no canto" (MS 19);
- "Ensine-se também aos fiéis a elevarem sua alma a Deus, pela participação interior, ao ouvirem o que os ministros e o coro estão cantando" (MS 15);
- "Os cantos chamados de 'Ordinário da Missa' podem ser executados pelo coro" (MS 34);
- "Outras composições musicais, escritas para uma ou várias vozes e provenientes ou do repertório tradicional ou de obras novas, sejam tidas em estima, favorecidas e, na medida das possibilidades, empregadas" (MS 50);
- "As novas obras de música sacra devem conformar-se fielmente aos princípios e normas expostas... e poder ser cantadas não só pelos grandes coros, mas também estar ao alcance dos modestos..." (MS 53).

A participação não consiste só em o povo cantar e "gritar" todos os cantos, do começo ao fim; participar é também uma atitude interior de ouvir e guardar a Palavra, meditar no coração ao ouvir o coro cantar "as partes que lhe são próprias" por meio de uma música mais refinada. Como diz São Paulo: "A fé nasce pelo ouvido" (Rm 10,17). Assim, também a participação interior, plena, piedosa e frutuosa enriquece e edifica a assembleia litúrgica. Nesse sentido, vamos aprender de nossos irmãos evangélicos, que dão tanto valor ao coro. É hora de retomar o coro

Anexo à edição brasileira

litúrgico, principalmente nas catedrais e nas igrejas maiores, e assumir o lugar que lhe é devido, para enriquecer a assembleia. Nesse sentido, uma boa tentativa é o que estamos fazendo na catedral de São Paulo, com o maestro Delfim Rezende Porto, onde o coro e o povo participam do canto... como diz o Salmo: "Com arte sustentai a louvação".

12. Instrumentos Musicais na Liturgia

O órgão de tubos foi e ainda é, na liturgia romana, o instrumento musical por excelência (SC 120); foi na Igreja que ele nasceu e cresceu. A Instrução *Musicam Sacram* é ainda mais incisiva:

- "Os instrumentos musicais podem ser de grande utilidade nas celebrações" (MS 62);
- "Outros instrumentos, além do órgão, podem ser admitidos ao culto, a juízo e com o consentimento da autoridade territorial, contanto que sejam adequados ao uso sacro, ou possam a ele se adaptar, condigam com a dignidade do templo e favoreçam realmente a edificação dos fiéis" (MS 62; SC 120);
- "Devem ser absolutamente afastados de qualquer ação litúrgica, todos [os instrumentos] que, de acordo com o juízo e o uso comum, só convém à música profana" (MS 63).

Vendo a nossa realidade, toda pessoa de bom senso percebe que não se pode tocar qualquer instrumento na igreja como se toca numa danceteria. Pior ainda é que alguns colocam no início dos cantos as indicações de ritmo sem distinção: "Ritmo de samba, de baião, de marcha rancho etc.". Nas próprias gravações de cantos da Campanha da Fraternidade na quaresma, se colocam tais ritmos próprios para a danceteria e não para o culto cristão. A este respeito, o mestre Gelineau afirma:

Corre-se o risco de o movimento rítmico tornar-se autônomo a ponto de relegar o texto (Palavra de Deus) a segundo plano. O perigo é tanto maior quanto é certo que o ritmo encerra uma tremenda força orgíaca. O poder de sedução da música depende primeiramente do ritmo, capaz de dominar a evolução biológica do homem. O culto cristão aceita-o e dele se utiliza na medida em que, por meio dele, o orante pene-

Cantar a liturgia

tra mais total e intensamente no desenvolvimento sagrado do culto; recusa-o quando aliena o espírito e o separa do mistério celebrado. O ritmo é para nós ambíguo. Segundo a disposição de quem o usa, pode conduzir à adoração ou à idolatria, à liberdade ou à escravidão[8].

São palavras claras de Gelineau sobre o ritmo indiscriminado. Quando o ritmo e o volume opressor de guitarras e baterias dominam e cobrem o canto de uma celebração, e não deixam ninguém rezar, onde fica a primazia da Palavra de Deus, da contemplação e da interioridade da liturgia como nosso "culto espiritual"?

No uso de qualquer instrumento musical, o importante é *o modo* de se tocar tal instrumento. O violão bem harpejado e dedilhado ajuda a rezar, cantando; mas quando é batido, usando ritmos profanos que só pertencem à essa espécie de música, atrapalha, distrai e impede a oração interior. É o que afirma MS: "Sejam afastados da liturgia aqueles instrumentos que só convém à música profana" (MS 63).

O mesmo se diga da "música brasileira na liturgia". Não se trata simplesmente de transpor a melodia e o ritmo sem critério para os cantos litúrgicos, mas de assimilar o seu espírito e suas "constâncias", como fazem compositores eruditos como Villa-Lobos, Camargo Guarnieri. Uma simples transposição de música popular para a liturgia como foi feito no fim da Idade Média, nunca foi aceito pela Igreja, como, por exemplo, as missas com os temas de "l'homme armé"[9].

13. A Renovação Carismática Católica (RCC) e a Confusão da Música Litúrgica no Brasil

Os cantos da RCC são impróprios para a liturgia e ainda aparecem nas celebrações transmitidas pela TV. Esses cantos mostram um completo desconhecimento da liturgia e da música litúrgica: cantam qualquer canção em qualquer tempo e em qualquer parte da liturgia. Dá na vista a baixa qualidade de seus textos e das músicas; não são nada bíblicos e

---

8. *Canto e música no culto cristão*, Petrópolis, Vozes, 153, Coleção Música Sacra, n. 3.
9. "O homem armado": era o título atribuído a uma série de polifonias criadas a partir do final da Idade Média de um canto profano muito usado na música popular francesa; alguns compositores partiam desse motivo e propuseram seu uso na liturgia, chegando a compor peças de grande requinte. (N. do E.)

Anexo à edição brasileira

nada litúrgicos, como pede o Concílio. O conteúdo dos cantos da RCC mostra: individualismo, sentimentalismo, anacronismo, relativismo[10]. Sua música de influência norte-americana não combina com os documentos da Igreja. A RCC diz que tem "ministério de música", mas não leva em conta os documentos da Igreja sobre música litúrgica e seu papel na liturgia.

14. Formação litúrgico-musical

O problema da música na liturgia se resume na formação dos agentes. Essa formação deve ser dupla: litúrgica e musical. Nem só uma e nem só outra. Isso já foi dito em meu livro *Canto litúrgico: forma musical, análise e composição*, às páginas 9 e 10[11]:

Formação musical técnica:
  Teoria musical básica;
  Solfejo e ditado musical; leitura e ditado musical;
  Prática de um instrumento de teclado;
  Estudo aprofundado de harmonia clássica;
  Estudo do contraponto clássico;
  Estudo da forma musical e análise;
  Exercícios de composição;
  Instrumentação;
  Estudo da evolução da música através dos tempos, a começar com o canto gregoriano.

Formação litúrgica para o músico:
  Conhecer a liturgia nos seus ritos cantados;
  A função ministerial da música na liturgia;
  Estudo sobre os cantos da Missa;
  Conhecer o Ano Litúrgico;
  Ter experiência e vivência da liturgia participando dos atos sagrados.

---

10. Veja: *A música litúrgica no Brasil – 50 anos depois do Concílio Vaticano II*, São Paulo, Paulus, 2015.
11. Publicado pela editora Paulus, São Paulo, 2016.

Cantar a liturgia

A pessoa que dirige a música litúrgica deve ser competente (profissional), para dar o melhor de si na música sacra. O que vemos em nosso meio é um amadorismo sem qualificação, uma mediocridade sem igual. Pessoas que decoram três posições do violão e se acham em condições de tocar na missa. Qualquer profissão, para ser valorizada, deve ter nível universitário. Imagine um médico ou um engenheiro sem qualquer qualificação profissional exercendo a profissão, que desastre pode ocasionar! Vejam só nossos irmãos evangélicos, como levam a sério a música no culto! Já tivemos o CELMU[12], que foi à falência por falta de participantes; também a pós-graduação na FACCAMP[13] terminou por falta de participantes. Há pouco foi retomado um curso de pós-graduação no Instituto Pio XI, na Lapa (SP). Esperemos que vá em frente!

Os documentos da Igreja insistem muito na formação litúrgico-musical nos seminários e nas casas religiosas (SC 115, MS 68); mas o que vemos é uma negação e um completo desleixo a respeito.

15. Comissões de Música Litúrgica

Os documentos conciliares e pós-conciliares insistem que haja Comissão de liturgia, música e arte sacra em nível nacional, regional e diocesano (SC 44 e 45). "A Comissão de música sacra seja composta por pessoas conhecedoras da ciência litúrgica, da música sacra e da pastoral" (SC 46). Pode-se juntar a comissão de liturgia, música e arte sacra numa só comissão (SC 46 e MS 68). O bispo diocesano é o primeiro responsável por uma boa vida litúrgica na sua diocese, com os presbíteros e outras lideranças (SC 14). E afirma palavras muito sérias: "Se os próprios pastores de almas não estiverem profundamente imbuídos do espírito e da força da liturgia e dela se tornarem mestres, faz-se muitíssimo necessário que antes de tudo cuidem da formação litúrgica do clero". (SC 14). O mesmo vale nas paróquias: o pároco é responsável por uma boa formação litúrgica das equipes de liturgia e de música sacra. Olhando nossa realidade, perguntamos: "Quantas dioceses têm Comissão de Liturgia e de Música Sacra?" Que responda o leitor...

---
12. Curso Ecumênico de Liturgia e Música.
13. Faculdades de Campo Limpo Paulista – SP.

Anexo à edição brasileira

Concluindo

A pedido de Edições Loyola, eu que sempre estive muito ligado à renovação litúrgico-musical no Brasil, procurei fornecer um panorama mais ou menos completo do que aconteceu neste país a partir do Concílio Vaticano II, há quase 60 anos. Em muitos aspectos andamos bem; em outros houve certos desvios que ainda podem ser corrigidos. O que desejamos é o melhor para a edificação da fé cristã dos fiéis por meio de uma música litúrgica como nos pede a Igreja nos documentos oficiais. É hora de pastores, equipes e meios de comunicação social assumirem essa causa, "fonte e cume" da vida cristã que é a liturgia (cf. SC 10).

Abreviaturas

CAMS	Comissão Arquidiocesana de Música Sacra do Rio de Janeiro
CEATL	Comissão Episcopal para exame e Aprovação de Textos Litúrgicos
CELAM	Conselho Episcopal Latino Americano
CELMU	Curso Ecumênico de Liturgia e Música
CETEL	Comissão Episcopal para a Tradução dos Textos Litúrgicos
CNBB	Conferência Nacional dos Bispos no Brasil
MS	Instrução *Musicam Sacram*
ODC	Ofício Divino das Comunidades
RCC	Renovação Carismática Católica
SC	Constituição Sobre a Sagrada Liturgia *Sacrosanctum Concilium*

Bibliografia

1. Fontes

Padres da Igreja

CLEMENTE DE ALEXANDRIA. *Il Protrettico – Il Pedagogo*, BIANCO, M. G. (org.), Turim, 1971.

_____. *Il Protrettico*, GALLONI, M. (org.), Roma, 1991.

SANTO AGOSTINHO DE HIPONA. *Esposizione sui salmi, 99,6*, in: TRAPÉ, A. (org.), *Opere di S. Agostino. Esposizoini sui salmi/3*, Roma, 1976.

_____. *Esposizione sul salmo 32*, in: CORTICELLI, A. e MINUTI, R. (orgs.), *Sant'-Agostino. Esposizione sui salmi*, vol. I, Roma, 1967, 552-579 (Nuova Biblioteca Agostiniana, 25).

_____. *Esposizione sul salmo 67*, in: TARULLI, V. (org.), *Sant'Agostino. Esposizione sui salmi*, vol. II, Roma, 1970, 558-629 (Nuova Biblioteca Agostiniana, 26).

_____. *Esposizione sul salmo 99*, in: MARIUCCI, T. e TARALLUCCI, V. (orgs.), *Sant'Agostino. Esposizione sui salmi*, vol. III, Roma, 1976, 450-477 (Nuova Biblioteca Agostiniana, 27).

_____. *Le Confessioni*, in: CARENA, C. (org.), *Sant'Agostino. Le Confessioni*, Roma, 1965, 552-579 (Nuova Biblioteca Agostiniana, 1).

SANTO AMBRÓSIO. *Commento a dodici salmi*, in: SANT'AMBROGIO, *Opera omnia di S. Ambrogio. Commento a dodici salmi/1*, Roma, 1980.

_____. *Commento al Salmo 1*, in: PIZZOLATO, L. F. (org.), *Sant'Ambrogio. Opere esegetiche: comento a dodici salmi*, vol. VII/I, Milão-Roma, 1980, 38-111 (Tutte le opere di sant'Ambrogio, 7).

SÃO JERÔNIMO. *Commentarius in Epistolam ad Ephesios*, in: *Patrologia Latina*, 26, 467-590.

_____. *Commentarius in Epistolam ad Ephesios 3,5*, in: *Patrologia Latina*, 26, 56.

SÃO JOÃO CRISÓSTOMO. *Expositio in Ps. 41,1-3*, in: *Patrologia Greca*, 55, 156-159.

SÃO PAULINO. *Vita di S. Ambrogio*, in: SIMONETTI, M. (org.), *Ponzio. Vita di Cipriano; Paolino. Vita di Ambrogio; Possidio. Vita di Agostino*, Roma, 1977, 67-102 (Testi Patristici, 6).

Cantar a liturgia

Documentos conciliares

CONCÍLIO ECUMÊNICO DE VIENNE (1311-1312). Cânon 22, in: ALBERIGO, G.; DOSSETTI, G. L.; JOANNOU, P.; LEONARDI, C. e PRODI, P. (orgs.), *Conciliorum Oecumenicorum decreta*, Bolonha, ³1991, 378.

CONCÍLIO DE TRENTO (1545-1563). *Decretum de observandis et vitandis in celebratione missarum*, in: ALBERIGO, G.; DOSSETTI, G. L.; JOANNOU, P.; LEONARDI, C. e PRODI, P. (orgs.), *Conciliorum Oecumenicorum decreta*, 737.

CONCÍLIO ECUMÊNICO VATICANO II (1962-1965). Constituição *Sacrosanctum Concilium* sobre a Sagrada Liturgia, 4 de dezembro de 1963, in: *EV* I, 1-244.

Documentos pontifícios

BENTO XIV. Carta Encíclica *Annus qui* (1749), in: *Bullarium*, III, Romae, MDCCLXI.

JOÃO PAULO II. *Homilia para a Associação Italiana Santa Cecília sobre a importância da música "sacra"*, 21 de setembro de 1980, in: CENTRO AZIONE LITURGICA, *Enchiridion Liturgico*, Casale Monferrato, 1989, 2602-2606.

JOÃO XXII. Constituição *Docta Sanctorum Patrum* (1324-1325), in: *Corpus Juris Canonici*, ed. Lipsien, II, Ae. L. Richteri et Ae. Friedberg, pars II, coll. 1256-1257 (ez Cod. Mon. 16186).

JOÃO XXIII. Motu próprio *Rubricarum instructum*, in: *AAS* 52 (1960), 593-595.

PAULO VI. Motu próprio *Sacram Liturgiam*, in: *EV* II, 135-147.

PIO X. Motu próprio *Tra le sollecitudini*, in: *ASS* 36 (1903-1904), 329-339.

PIO XI. Constituição Apostólica *Divini cultus*, in: *AAS* 21 (1929), 33-41

PIO XII. Carta Encíclica *Mediator Dei*, in: *AAS* 39 (1947), 521-600.

_____. Carta Encíclica *Musicae sacrae disciplina*, in: *AAS* 48 (1956), 5-25.

Documentos da Conferência Episcopal Italiana e da Santa Sé

CONFERÊNCIA EPISCOPAL ITALIANA. *Messale romano*, Cidade do Vaticano, ²1983.

SAGRADA CONGREGAÇÃO DOS RITOS. Instrução *De musica sacra et sacra liturgia*, in: *AAS* 50 (1958), 630-663.

_____. Instrução *Inter Oecumenici*, in: *EV* II, 211-309.

_____. Instrução *Musicam Sacram*, sobre a música na sagrada liturgia, 5 de março de 1967, in: *EV* II, 967-1035.

Sagrada Congregação para o Culto Divino. *Princípios e normas para o uso do Missal romano*, 26 de março de 1970, in: *EV* III, 2017-2414.

_____. *Princípios e normas para a Liturgia das Horas*, 2 de fevereiro de 1971, in: *EV* IV, 132-424.

2. Textos

Commento alla Costituzione sulla liturgia, Brescia, ²1964.

Argelati, F. *Storia del Sacrificio dela Santa messa*, Veneza, 1743.

Associação Italiana Santa Cecília (org.), *L'enciclica "Musicae sacrae disciplina" di sua santità Pio XII*, Roma, 1957.

Aubert, R. *Il pontificato di Pio IX*, Turim, 1964.

Bugnini, A. *A reforma litúrgica (1948-1975)*, São Paulo, Paulinas, Loyola, Paulus, 2018.

Cattaneo, E. *Il culto cristiano in Occidente. Note storiche*, Roma, ²1984 (Biblioteca "Ephemerides liturgicae", Subsidia, 13).

Centro de Serviços Gerais da Arquidiocese de Bolonha (org.), *Musica e partecipazione alla liturgia. Atti del XXVI congresso nazionale di musica sacra*, Bolonha, 1993.

Chiarapini, M. *Celebrare l'eucarestia è vivere. Sussidio per catechisti e animatori liturgici*, Milão, 1996 (Tabor, 5).

Colling, A. *Storia dela musica Cristiana*, Catania, 1957.

Costa, E. *Celebrare cantando. Manuale pratico per l'animatore musicale nella liturgia*, Cinisello Balsamo, 1994 (Comunità celebrante, 9).

Cullman, O. *La foi et le culte de l'Eglise primitive*, Neuchatel, 1963.

De Liegi, J. *Speculum Musicae*, 1324 aprox.

Donella, V. *Musica e liturgia*, Bergamo, 1991.

_____. *Musica e liturgia. Indagini e riflessioni musicologiche*, Bergamo, 1991.

Durighello, G. *Canta e cammina. Storia dela canto nel rito cristiano*, Scuola Diocesana di Musica per la Liturgia, Pádua, 1998 (apostila).

_____. *Corso di musicologia liturgica*, Scuola Diocesana di Musica per la Liturgia, Pádua, 1999 (apostila).

_____. *Il canto è il mio sacerdozio. Spiritualità e dimensione battesimale del canto litúrgico*, Pádua, 1997.

Frattallone, R. *Musica e liturgia. Analisi della espressione musicale nella celebrazione liturgica*, Roma, ²1991 (Biblioteca "Ephemerides liturgicae", Subsidia, 31).

Gelineau, J. *Canto e musica nel culto Cristiano*, Turim, 1963.

KUHNE, A. *I ministeri liturgici nella Chiesa*, Cinisello Balsamo, 1988 (Comunità celebrante, 5).

MADURGA, J. *Celebrar la salvezza*. *Breve introduzione alla liturgia per gruppi liturgici*, Cinisello Balsamo, 1999 (Comunità celebrante, 15).

MARTIMORT, A. G. *A Igreja em Oração. Introdução à liturgia*, I, Petropolis, Vozes, 1988.

_____. *Mirabile laudis canticum. Mélanges liturgiques*, Roma, 1991 (Biblioteca "Ephemerides liturgicae", Subsidia, 60).

MENEGHETTI, A. *I laici fanno liturgia?*, Cinisello Balsamo, 1989 (Comunità celebrante, 6).

MURATORI, A. L. *Liturgia romana vetus*, I, Veneza, 1748.

RAINOLDI, F. *Cantare Dio – Cantare per Dio. Appunti per una storia della musica di Chiesa*, Como, 1990 (apostila).

_____. *Celebrazione cristiana e musica lungo i secoli: pensiero, prassi, norme*, Pro manuscripto, Roma, 1996.

_____. *Per cantare la nostra fede. L'istruzione "Musicam sacram": memoria e verifica nel XXV di promulgazione*, Leumann-Turim, 1993 (*Celebrare-Proposte*, 4).

_____. *Sentieri della musica sacra. Dall'Ottocento al Concilio Vaticano II. Documentazione su ideologie e prassi*, Roma, 1996 (Biblioteca "Ephemerides liturgicae", Subsidia, 87).

_____. *Traditio canendi. Appunti per una storia dei riti cristiani cantati*, Roma, 2000 (Biblioteca "Ephemerides liturgicae", Subsidia, 106).

RAMPAZZO, F. *Appunti di liturgia*, Scuola Diocesana di Musica per la Liturgia, Pádua, 1998 (apostila).

RIGHETTI, M. *Manuale di storia della liturgia*, I, Milão, 1945.

ROSSI, G. M. *Voce – Persona – Comunicazione*, Pro Manuscripto, Roma, 1995.

SARTO, G. (Card.), PATRIARCA DE VENEZA. *Lettera pastorale*, 1895.

SODI, M. (org.), *Giovani, Liturgia e Musica*, Roma, 1994 (Biblioteca di scienze religiose, 115).

3. Artigos

BAROFFIO, B. *Le origini del canto liturgico nella Chiesa latina e la formazione dei repertori italici*, "Renovatio", 13 (1978), 26-52.

BORETTI, G. *Strumenti e operatori musicali a servizio delle assemblee*, RPL 110 (1982), 41-48.

CECCARELLI, A. *Musica sacra*, in: LESAGE, R. (org.), *Dizionario pratico di liturgia romana*, Roma, 1956, 285-286.

Bibliografia

CIMINI, A. *Quando e che cosa cantare in una celebrazione. Una "guida" per far cantar le assemblee domenicali*, RPL 146 (1988), 33-42.

CUVA, A. *Celebrazione liturgica*, "Liturgia" 96 (1993), 891-898.

DE CHIARA, C. *"Celebrazione e linguaggio Rituale"*, "Liturgia", 115 (1995), 509-516.

DUCHESNEAU, C. *Celebrare*, in: GELINEAU, J. e LODI, E. (orgs.), *Assemblea santa. Manuale di liturgia pastorale*, Bolonha, 1991, 60-72.

DURIGHELLO, G. *Musicologia liturgica* (vários artigos), "La cartellina" 15 (2001) e 26 (2001).

GAIARD, J. *Vieu-romain et grégorien*, "Etudes grégoriennes", 3 (1959), 7-26.

GENERO, G. *Presentare il canto, dare anima all'azione*, RPL 110 (1982) 35-40.

GHEZZI, A. *Canto e musica*, in: VV. AA., *Celebrare con il canto e la musica*, suplemento de "Evangelizzare" 10 (1996), 12-15.

GOMIERO, F. *Assemblea e canto nel progetto conciliare*, RPL 171 (1992), 31-37.

_____. *Cantare nella liturgia: un'azione rituale-simbolica necessaria*, RPL 189 (1995), 51-55.

_____. *Il silenzio nella liturgia*, RPL 197 (1996), 69-75.

HOLLERWEGER, H. *Il ministero liturgico della "schola"*, in: KUHNE, *I ministeri liturgici nella Chiesa*, 119-127.

LECTOR. *Il Vaticano II e la liturgia*, RPL 2 (1964), 19-21.

LIBERTO, G. *Musica per l'assemblea che ascolta e che partecipa*, "Liturgia", 81-82 (1992), 690-702.

MAGNANI, P. *Musica e canto nell'azione liturgica*, "Liturgia" 110 (1995), 119-133.

MONETA CAGLIO, E. *Storia di casa nostra*, II, "Schola Cantorum" 10 (1976), 7.

NIKLAUS, H. *Il ministero liturgico del coro*, in: KUHNE, *I ministeri liturgici nella Chiesa*, 128-138.

RAINOLDI, F. *Canto e musica*, in: DL, 198-212.

_____. *Le proposte musicalil alle assemblee: fra lilturgia e cultura*, RPL 110 (1982), 9-19.

_____. *I venticinque anni dell'Istruzione "Musicam sacram"*, RPL 171 (1992), 16-21.

RAUGEL, F. e MIGNONE, M. *Il canto polifonico e la musica sacra*, in: AIGRAIN (org.), *Enciclopedia liturgica*, Alba, 1957, 413-444.

ROSSI, G. M. *Animare con il canto una assemblea liturgica*, RPL 110 (1982), 28-34.

SABLAYROLLES, M. *Il canto gregoriano*, in: AIGRAIN (org.), *Enciclopedia liturgica*, Alba, 1957, 377-412.

SANDS-IOTTI. *Musica di festa*, in: GI. FRA. OBRA PARA AS VOCAÇÕES VÊNETO-FRIULI V. G., *Con il mio canto… canti per la preghiera*, Lendinara, 1993, 6-7.

Cantar a liturgia

SEUFFERT, J. *Il ministero liturgico del cantore*, in: KUHNE, *I ministeri liturgici nella Chiesa*, 105-112.

SIRBONI, S. *I segni liturgici non sono semplici decorazioni*, "Liturgia", 90 (1993), 423-428.

_____. *Musica, canto e silenzio al servizio del culto cristiano*, "Liturgia", 96 (1993), 884-890.

STEFANI, G. *I principi della "istruzione sulla musica della liturgia"*, RPL 22 (1967), 249-298.

_____. *Il canto*, in: VV. AA., *Nelle vostre assemblee. Teologia pastorale delle celebrazioni liturgiche*, I, Brescia, 1975, 280-298.

_____. *L'espressione vocale nella liturgia primitiva*, "Ephemerides liturgicae" 84 (1970), 97-112.

STIZ, C. *Perché il canto nella liturgia*, "Liturgia", 115 (1995), 516-524.

VENTURI, G. *Celebrare con il canto e la musica*, in: VV. AA., *Celebrare con il canto e la musica*, 5-12.

VEUTHEY, M. *Celebrare con il canto e la musica*, in: GELINEAU, J. e LODI, E. (orgs.), *Assemblea santa. Manuale di liturgia pastorale*, Bolonha, 1991, 141-154.

VISENTIN, P. *Canto*, in: LESAGE (org.), *Dizionario pratico di liturgia romana*, 94-96.

Edições Loyola

editoração impressão acabamento
Rua 1822 n° 341 – Ipiranga
04216-000 São Paulo, SP
T 55 11 3385 8500/8501, 2063 4275
www.loyola.com.br

Cantar
A LITURGIA